中国致公出版社·北京

像玩穿越一样学古文

何捷

  中国坐拥五千年的浩瀚历史，孕育着灿烂辉煌的优秀古代文化。每一个宝贵的历史文化宝藏，都凝结着古人的才情与智慧。所有的家长和老师们都希望孩子们能像中国古代的"学霸"们一样，学富五车，才高八斗。

  然而，正所谓"天下苦文言文久矣"，古文一直都是个老大难的问题。历史文化知识虽好，却也有着一定的学习门槛。想要用轻松、有趣、生动、高效的方式来学习古代文化、积累文史知识，可不是一件容易的事。

  为了改变这一现状，让孩子们获得更加高效的学习途径，我们的这套《爆笑！古代学霸笔记！》应运而生了。

  读这套书，就像玩穿越——很真实，很有趣，很愉快。

  当你第一眼看到《爆笑！古代学霸笔记！》的名字时，你就知道，它绝对非比寻常、与众不同！这是一套生动有趣、寓教于乐的文史知识类丛书。如果你再打开书本，一股清新之感就扑面而来，生动有趣的语言文字疯狂吸睛，精彩形象的漫画配图夺人眼球，用孩子最喜闻乐见的方式学习有门槛的文史知识，简直是四两拨千斤。

  本套书不但形式新颖、阅读无压力，内容上还很具有系统性。

  全套书以历朝历代最具有代表性的重要历史文化名人为轴，纵向介绍

了关于古代学霸们的生平故事，横向拓展了他们的所学所想，囊括了他们的人际交往、八卦趣闻等相关知识，可谓是包罗万象，极大地丰富了孩子们的知识面。

正是因为这套丛书将有趣形式和丰富内容有机结合，才让孩子在轻松愉快的阅读中就潜移默化地记忆乃至掌握相关的知识。当然，读本套书的最终目的，仍是帮助孩子们更好地理解和掌握中国传统文化知识，不但可以有效提高学习效率，还可以拓展学习维度。

在古代，学霸们不但是"中国N大杰出青年代表"，还是国家最优秀的储备人才。他们不仅聪明，而且勤奋好学，拥有广博的知识和卓越的技能。通过本书的学习，我们可以隔空向学霸们取经求教，偷师学习方法，共享他们的经验，了解大师的见解和体会。

总之，《爆笑！古代学霸笔记！》是一套兼顾了实用性和趣味性的书籍，如果你想要快速提高自己的文史知识储备，不妨阅读本套丛书，从中汲取古人的智慧，相信它会对每个孩子的学习生活产生积极的影响。

祝福孩子们，阅读愉快，学有所得！

目 录

第 1 章
李白、杜甫——
史上最强"饭圈男孩"追星记 ①

第 2 章
李白、孟浩然——
盛唐学霸和他的"偶像"  ⑮

第 3 章
孟浩然、王昌龄——
"山水田园"VS"边塞风沙" ㉙

第 4 章
王昌龄、王之涣、高适、岑参——
边塞"四大天王"的终极 PK ㊸

第 5 章
刘禹锡、柳宗元——
从同学到同事　　59

第 6 章
白居易、元稹——
两个男人的旷世友情　　71

第 7 章
韩愈、柳宗元——
大唐文坛"韩柳"来袭！　　83

第 8 章
李商隐、杜牧——
被迫营业的"学霸组合"　　97

第1章

李白、杜甫——
史上最强"饭圈男孩"追星记

 **李白**

昵称：字太白，号青莲居士
地区：今甘肃天水

（701年—762年）

主要成就：唐代伟大的浪漫主义诗人，被后人誉为"诗仙"。创造了古代浪漫主义文学高峰，歌行体和七绝达到后人难及的高度。与杜甫合称"李杜"。

朋友圈： >

添加到通讯录

 **杜甫**

昵称：字子美，自号少陵野老
地区：今河南巩义

（712年—770年）

主要成就：唐代伟大的现实主义诗人，被后人称为"诗圣"，他的诗被称为"诗史"。与李白合称"李杜"。

朋友圈： >

添加到通讯录

爆笑！古代学霸笔记！

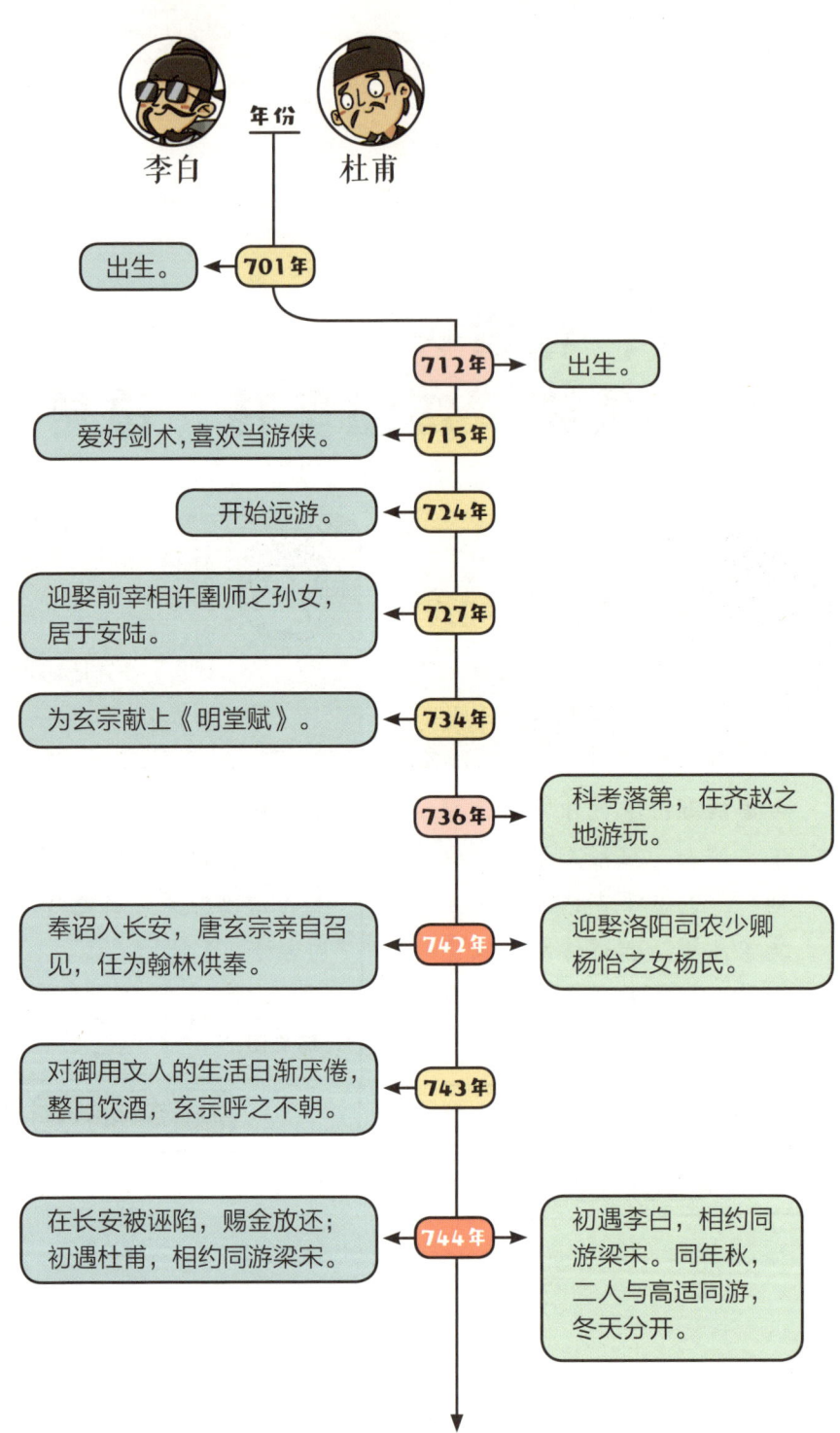

· 大唐卷 ·

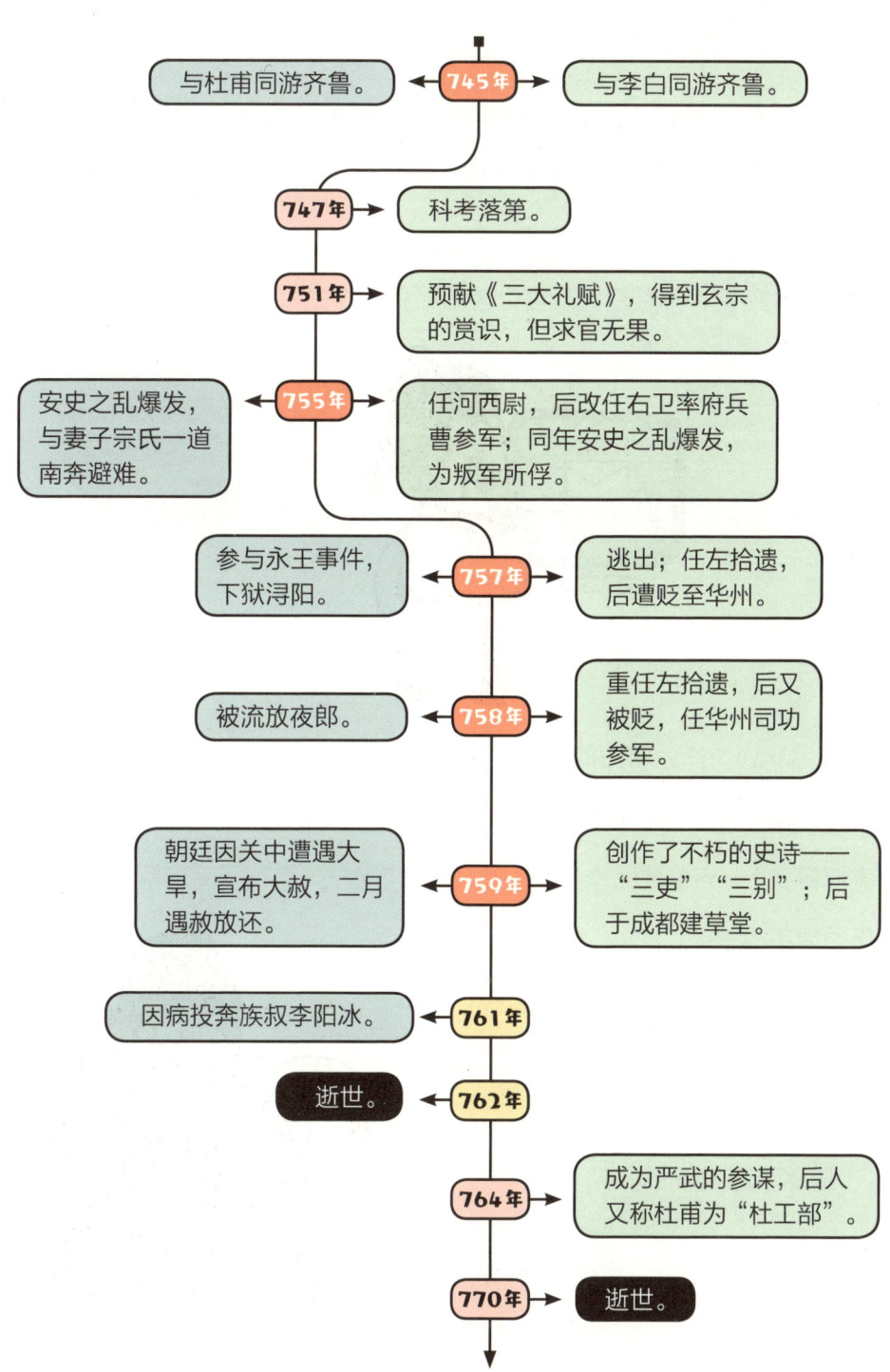

★为"神仙哥哥"疯狂打call

李白,作为唐朝文艺圈的头号明星,拥有超多粉丝,一首《蜀道难》让他声名鹊起、名扬四海。连"诗狂"贺知章读完后,都不禁大呼:"此天上谪仙人也。"

甚至大唐皇帝都亲召他入宫,游园时就让李白赋诗一首,留下纪念。

而另一边,作为李白的头号"小迷弟"杜甫,公务员家庭出身,打小就爱旅旅游、写写诗。但自从"神仙哥哥"李白出道,他的全部心思都在自家偶像身上。自荐成为李白"粉丝后援会"会长,为哥哥写诗歌、搞宣传,每天忙得不亦乐乎。

小迷弟杜甫在《饮中八仙歌》中描述道:"李白斗酒诗百篇,长安市上酒家眠。天子呼来不上船,自称臣是酒中仙。"道尽了对"神仙哥哥"的崇拜之意。

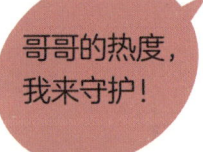

★当"小迷弟"的梦想照进现实

然而,李白梦想做大事,玄宗却给他"画大饼",头号明星只得打字、复印、干杂活。这份憋屈逼得李白消极怠工,整日饮酒作诗,自得其乐。玄宗见他这般,无奈只好将李白"赐金放还",赶紧送走了这尊大佛。

这日,李白带着玄宗给的巨额解聘金,开着"小跑车",一路高歌直到洛阳。

洛阳城最有名的醉仙楼内,李白正独自喝着酒,肆意洒脱。杜甫怀揣着激动的心情,在友人的引荐下才得见李白。杜甫以一首《望岳》博得偶像的赞叹,还被邀请一同喝酒谈天,好不快活!

望岳

[唐]杜甫
岱宗夫如何?齐鲁青未了。
造化钟神秀,阴阳割昏晓。
荡胸生层云,决眦入归鸟。
会当凌绝顶,一览众山小。

★我的"偶像"带我闯荡

一顿酒喝完,李白对这小迷弟越发喜欢,当即便邀约:"老弟啊,走,我们一起闯一闯。"二人当即背起行囊出发了。

二人腰佩长剑,闯荡江湖。他们从河南洛阳出发,途经商丘、开封,深入山林,一路找仙人、采仙草、炼仙丹……路上还遇见高适,三人便结伴同行,度过小半年闲云野鹤、寻仙问道的日子。冬日一到,便各自回家过冬去了。

冬日过后,李白和杜甫相约在齐鲁相见,二人一番痛饮后,又开启了新一轮的寻仙问道之旅。白天采仙草、寻仙人,晚上同床共枕而眠。"醉眠秋共被,携手日同行。"

可幸福的日子仿佛被按下了快进键,分别来得猝不及防。二人终于挥手告别。

★ 爱他，就为他写诗吧！

两人分开后，见不到爱豆的杜甫日日思念着他。于是，杜甫天天关注李白的新闻，时刻跟进李白的动向。

爱他还要为他写诗。杜甫笔下歌颂和思念李白的诗句，成为经典，流传至今——

白也诗无敌，飘然思不群。——《春日忆李白》
寂寞书斋里，终朝独尔思。——《冬日有怀李白》
故人入我梦，明我长相忆。——《梦李白二首·其一》
……

洋洋洒洒，诉尽思念。

★追星的最高境界：与偶像齐名

大概连杜甫自己也没想到，由于自己不停地写写写，一生居然写下了3000多首诗，流传下来的就有1400多首，比自己的"神仙哥哥"写的还要多。而且杜甫所写的诗真实地记录了那段历史，被后世称为**"诗史"**。其中，他的**"三吏""三别"**影响深远，一首《登高》更是荣登**"七律之首"**。

登高

[唐]杜甫

风急天高猿啸哀，渚清沙白鸟飞回。

无边落木萧萧下，不尽长江滚滚来。

万里悲秋常作客，百年多病独登台。

艰难苦恨繁霜鬓，潦倒新停浊酒杯。

以深秋萧瑟江景，触发身世飘零之苦，字里行间是浓浓哀情。

当年的小迷弟最终也成了与偶像——**"诗仙"**李白齐名的**"诗圣"**杜甫。他们一个是最伟大的**"浪漫主义"**诗人，一个是最伟大的**"现实主义"**诗人，

爆笑！古代学霸笔记！

在大唐诗坛堪称"**双剑合璧**"。世人也将二人合称"**李杜**"。

这大概是追星的最高境界吧！为了站在你身边，我最终活成了你的样子。

学霸笔记

春日忆李白（其二）
[唐] 杜甫

白也诗无敌，飘然思不群。
清新庾开府，俊逸鲍参军。
渭北春天树，江东日暮云。
何时一樽酒，重与细论文。

庾开府：庾信。在北周官至骠骑大将军、开府仪同三司（司马、司徒、司空），世称庾开府。
俊逸：一作"豪迈"。
鲍参军：指鲍照。南朝宋时任荆州前军参军，世称鲍参军。

不群：不平凡，高出于同辈。

这两句的译意为：如今，我在渭北独对着春日的树木，而你在江东远望那日暮薄云，天各一方，只能遥相思念。

论文：论诗。六朝以来，通称诗为文。

★ 多种方法表真情

《春日忆李白》是唐代诗人杜甫创作的一首五言律诗，字里行间满是诗人对李白的思念之情。

全诗通篇贯穿着一个"忆"字。以盛赞李白的诗词才华开篇，借此抒写自己对李白的思念与崇敬之情，最后表达希望与李白再次对坐饮酒论诗的美好愿望。整首诗层层铺垫，又环环相扣，把诗人对李白的思念之情写得情意绵绵、深厚无比。

那么，到底该怎样表达真情呢？

首先，**开门见山，直抒胸臆**。首联中，"无敌""不群"直接写出了李白的诗冠绝当代，表达了诗人对李白的敬仰之情。

其次，**进行类比，侧面衬托**。颔联接着具体赞美李白的诗像庾信诗作那样清新，像鲍照作品那样俊逸。开头四句，都是对李白的热烈赞美。

再次，**融情入景，自然流露**。颈联看似只写了诗人杜甫和李白各自所在之地的景色，但两者联系在一起，便产生了一种遥想思念的情感，更是赋予了"春天树""日暮云"一层离愁思念之情，真情就这样与景物交融在一起，自然流露出来。

最后，**问句结尾，引人遐思**。诗人以疑问的语气，把希望早日与好友李白重聚谈论诗文的愿望表达得更加强烈，使结尾余意不尽，回荡着作者的无限思念之情。

爆笑！古代学霸笔记！

学霸小剧场

> **朋友圈**

 杜甫

三夜频梦君，情亲见君意。
——《梦李白二首·其二》

长安

♡ 王维、孟浩然、贺知章、李白、高适、储光羲、岑参、贾至、孟云卿、严武

💬 **高适**：我呢？我呢？我们不是一起旅游的吗？

　王维：@高适 你大概被遗忘了……

　严武：@高适 可怜的娃，人家杜甫的眼中只有自己的"神仙哥哥"。

　李白：乖～

· 大唐卷 ·

朋友圈

 李白

思君若汾水,浩荡寄南征。
——《沙丘城下寄杜甫》

江东

♡ 杜甫、孟浩然、高适、贺知章、唐玄宗、杨贵妃、元丹丘

💬 **杜甫**:终于被偶像点名啦!
　汪伦:@李白 哥,我也要!
　唐玄宗:小白,朕突然有点想你了。
　高适:不行了,我emo了……

第2章

李白、孟浩然——
盛唐学霸和他的"偶像"

李白
昵称：字太白，号青莲居士
地区：今甘肃天水
（701年—762年）

主要成就：唐代伟大的浪漫主义诗人，被后人誉为"诗仙"。创造了古代浪漫主义文学高峰，歌行体和七绝达到后人难及的高度。

朋友圈： >

添加到通讯录

孟浩然
昵称：字浩然，号孟山人
地区：今湖北襄阳
（689年—740年）

主要成就：唐代著名的山水田园派诗人，擅长五律和五绝，主要作品有《过故人庄》《春晓》《宿建德江》等。

朋友圈： >

添加到通讯录

爆笑！古代学霸笔记！

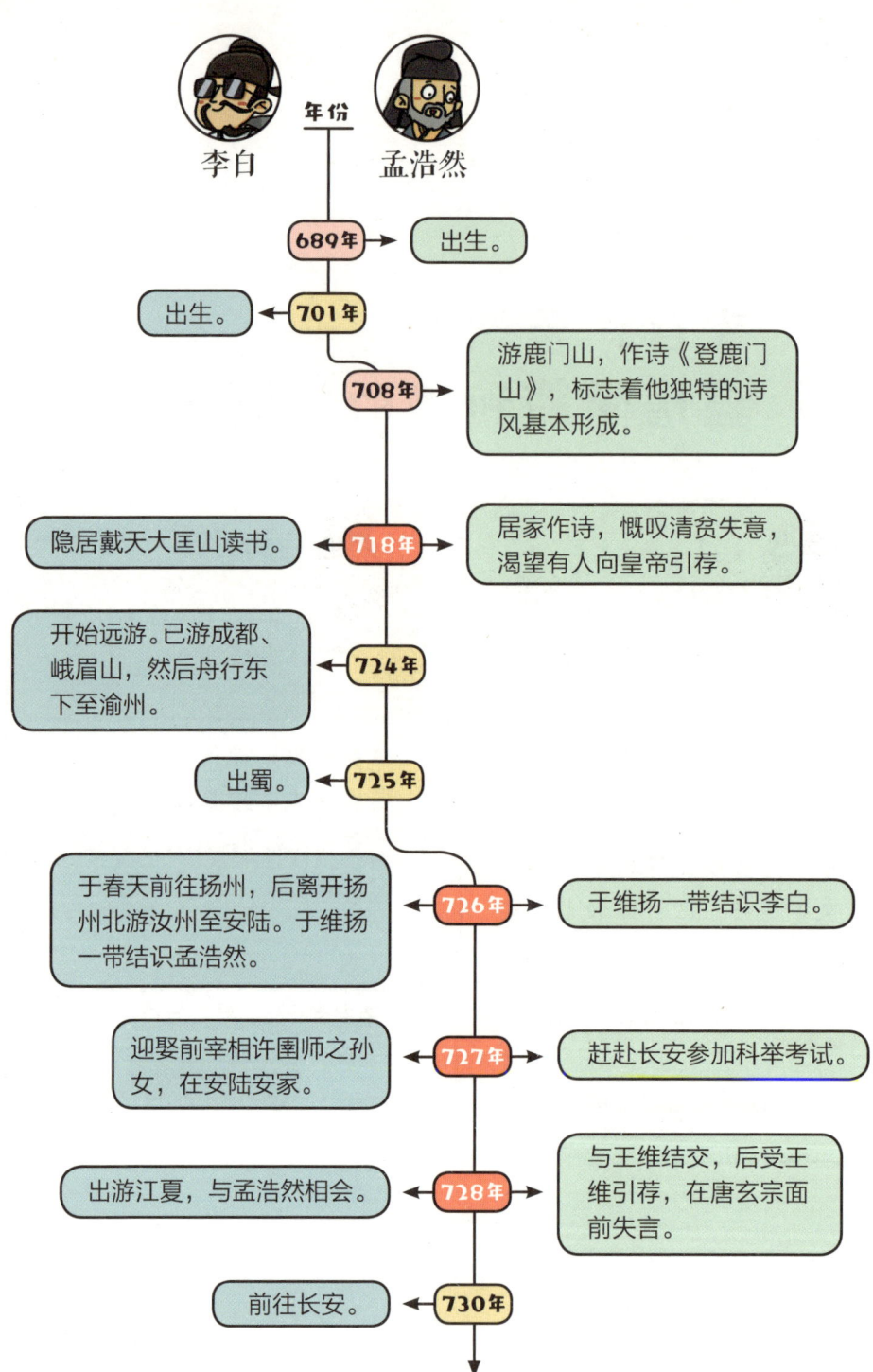

李白　年份　孟浩然

689年 → 出生。

出生。 ← 701年

708年 → 游鹿门山，作诗《登鹿门山》，标志着他独特的诗风基本形成。

隐居戴天大匡山读书。 ← 718年 → 居家作诗，慨叹清贫失意，渴望有人向皇帝引荐。

开始远游。已游成都、峨眉山，然后舟行东下至渝州。 ← 724年

出蜀。 ← 725年

于春天前往扬州，后离开扬州北游汝州至安陆。于维扬一带结识孟浩然。 ← 726年 → 于维扬一带结识李白。

迎娶前宰相许圉师之孙女，在安陆安家。 ← 727年 → 赶赴长安参加科举考试。

出游江夏，与孟浩然相会。 ← 728年 → 与王维结交，后受王维引荐，在唐玄宗面前失言。

前往长安。 ← 730年

· 16

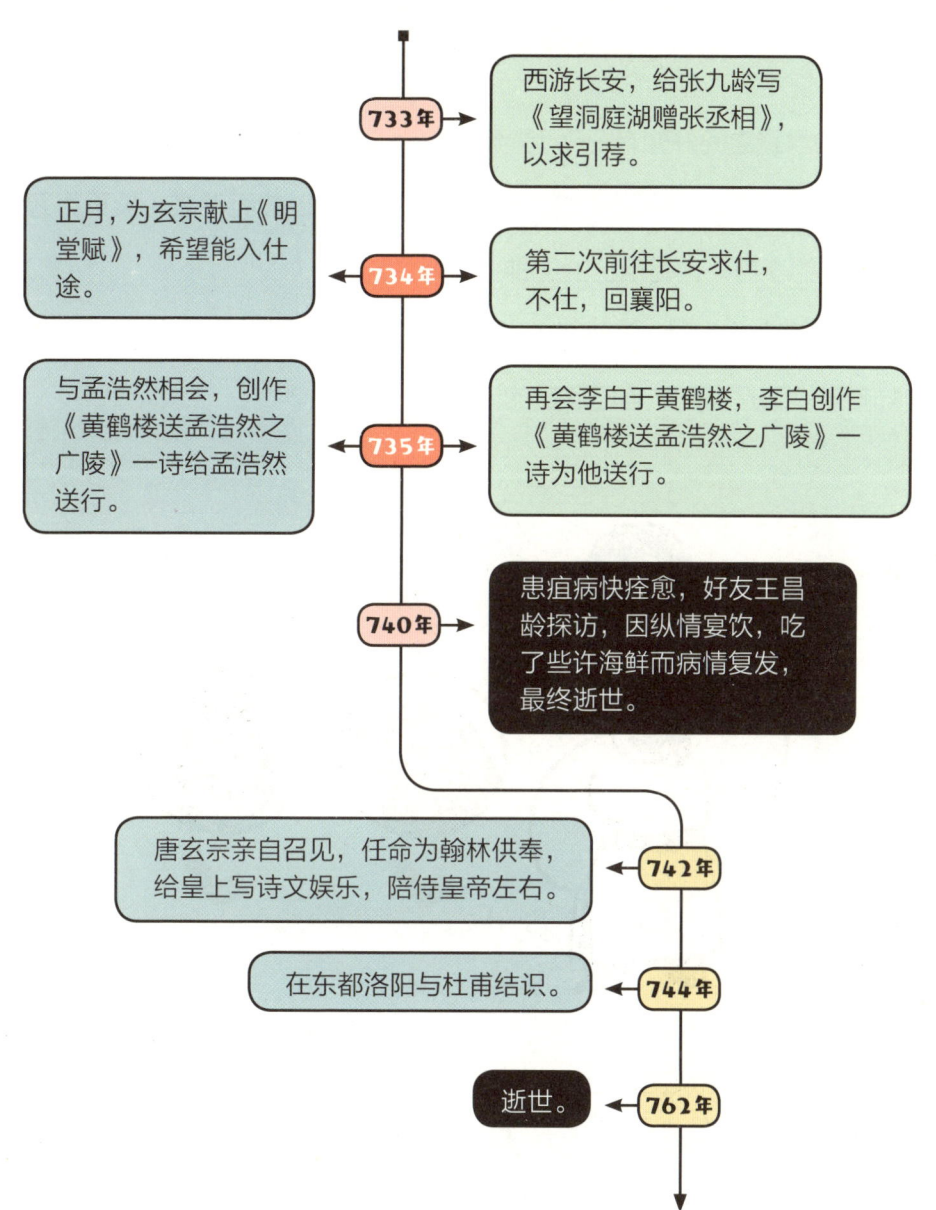

爆笑！古代学霸笔记！

★你们的学神，有自己的男神

唐朝的学霸之间好像有一个"崇拜链"："诗圣"杜甫崇拜"诗仙"李白，可李白又崇拜孟浩然，听说孟浩然还崇拜张九龄……总而言之，被千百万人视为学神的李白，也有自己的男神，就是孟浩然！

李白在二十几岁时，实现了人生中的两个重要目标：一是结婚，在湖北安陆安家；二是见到了自己欣赏的诗人——孟浩然。

那时，李白乘船从四川沿长江东下，一路游览了不少地方。到了襄阳，他听说孟浩然隐居在此，特地去拜访他。

此时的孟浩然已经是名满天下的明星了！李白给孟浩然发私信："孟老师，'春眠不觉晓'这首诗我太喜欢了，我有首'床前明月光'，有兴趣了解一下吗？"就这样，两人加了好友，开始聊天，通过交谈，发现彼此都爱游山玩水和写诗，爱好相近，志趣相投，成为密友。

· 大唐卷 ·

★ 站在朋友圈 C 位的"社牛"

自从与孟浩然见面后,李白只要有机会就去找他,见不到孟浩然就通过写诗来表达自己对他的敬爱之情。

淮南对雪赠孟浩然(节选)

[唐]李白

兴从剡溪起,思绕梁园发。

寄君郢中歌,曲罢心断绝。

浩然哥哥,这是我写给你的诗。

而我们的"社交牛人"孟浩然，正在不断扩大自己的朋友圈，跟同时代的大诗人王维、王昌龄、张九龄都成了好友，在圈内名声大振，知名度飙升。

为了入仕，孟浩然还专门给丞相张九龄写了一首《望洞庭湖赠张丞相》以求引荐。可惜文曲星好像迷了路似的，就是不眷顾孟浩然。

★ 你离去的那天，我 emo 了

一天，李白得知孟浩然报了个去扬州玩的旅行团，便赶到黄鹤楼来给孟浩然饯行。

黄鹤楼上，伴着江涛，李白与孟浩然举起酒杯，一饮而尽。李白再次斟酒，与孟浩然碰杯，诉说不舍之情。

孟浩然几杯酒下肚，憧憬着即将要去的最美城市——扬州：农历三月，花草繁茂，江面柳絮如烟，繁花似锦……处处美景都让孟浩然心向往之。

酒毕，孟浩然拜别李白。李白想着自己不能随同前往，只能孤零零地站在黄鹤楼上，目送着小船"孤帆号"渐行渐远，越来越小，越来越模糊，最后消失在水天一色中。

李白触景生情，提笔疾书。于是，一首千古名诗诞生了：

黄鹤楼送孟浩然之广陵

[唐] 李白

故人西辞黄鹤楼，烟花①三月下扬州。
孤帆远影碧空尽②，唯见长江天际流③。

注释：①烟花：形容柳絮如烟、繁花似锦的春天景色。②碧空尽：消失在碧蓝的天际。③天际流：流向天边。

· 大唐卷 ·

★李白：孟夫子 YYDS！

多年之后，李白与孟浩然再次见面。李白特别崇拜孟浩然能够放弃仕途，归隐田园的那种洒脱、豁达，对他佩服得五体投地。这次，为表达自己的钦佩，他写下了这首诗：

赠孟浩然

[唐] 李白

吾爱孟夫子，风流天下闻。

红颜弃轩冕，白首卧松云。

醉月频中圣，迷花不事君。

高山安可仰，徒此揖清芬。

"吾爱孟夫子"，换句话就是：孟浩然 YYDS！多么直接的爱的表白啊！在李白的眼中，孟浩然才情过人，风采绝世，是他心目中的 No.1！

浩然哥哥，请收下我的膝盖！

★ "社牛"朋友多,真爱就一个

我们的孟夫子,朋友多得数不过来。结识王维,与他合称"王孟",两人是山水田园诗歌的代表。结识王昌龄,两人相知相惜。为了当官,向张九龄写诗表白,留下了千古名句:"坐观垂钓者,徒有羡鱼情。"

而李白终其一生,赠给别人的诗歌并没有多少,可他送给孟浩然的诗就有《赠孟浩然》《春日归山寄孟浩然》《黄鹤楼送孟浩然之广陵》《淮南对雪赠孟浩然》《游溧阳北湖亭望瓦屋山怀古赠同旅/赠孟浩然》这么多。像孟浩然这样能得李白如此厚爱的人,在唐朝真的少之又少。这可是"真爱"啊!

· 大唐卷 ·

学霸笔记

庐山：中国名山之一，在江西省九江市。
题目的意思：看庐山的瀑布。

香炉：即香炉峰。
遥看：从远处看。
这两句的译意为：香炉峰在阳光的照耀下升起紫色烟霞，远远望去，瀑布似长河悬挂山前。

望庐山瀑布
[唐]李白

日照香炉生紫烟，
遥看瀑布挂前川。
飞流直下三千尺，
疑是银河落九天。

三千尺：虚指，形容山高。
银河：古人指银河系构成的带状星群。
九天：古人认为天有九重，"九天"是天的最高层，这里指极高的天空。
这两句的译意为：飞腾直落的瀑布仿佛有几千尺，莫非是银河从天上泻落到人间。

★学用夸张显特点

古代诗人们在描写景物的时候，都喜欢用夸张的手法来凸显景物的特点。比如浪漫主义大诗人李白的这首《望庐山瀑布》就留下极为夸张的两句——"飞流直下三千尺，疑是银河落九天"。那么，怎样用夸张手法写景？让我们一起跟着李白来学一学吧！

首先，可以使用数字来表现夸张。看似离奇却充满想象，尤其在李白的诗歌中，数字随处可见。比如这首诗中的"三千尺"和"落九天"，写

25

出了庐山瀑布的气势磅礴。特别说明一下，这里的**"三千"**和**"九"**，均不是实指，而是虚指，是极高、极远的意思。

其次，**巧用动词**也能给画面增色不少。比如，**"生""挂""飞""直下""落"**等字词的巧用，既写出了庐山的朦胧美，又体现了瀑布的雄壮美，尤其是**"飞流直下"**和**"落"**，真是夸张到了极点，充满了浪漫的想象。

大诗人能够如此夸张，我们当然也可以。在写景的时候适当运用夸张，便能够让景物特点更加鲜明，笔下的景物也会更加令人印象深刻。不过，夸张的手法不可一用到底，也要注意在合理的范围内使用哦。

· 大唐卷 ·

学霸小剧场

朋友圈

 **李白**
我的偶像们，一切安好？@谢安 @谢灵运 @谢朓 @孟浩然

♡ 孟浩然、谢灵运、谢朓、谢安

💬 **孟浩然**：太白弟弟，我很好。啥时候来扬州找我？
谢灵运：非常好，勿念！
谢朓：还是老样子。
谢安：我也挂念你！
李白回复**谢安**："但用东山谢安石，为君谈笑净胡沙。"你太厉害了，请收下我的膝盖！

李白回复**谢灵运**："谢公宿处今尚在，渌水荡漾清猿啼""脚著谢公屐，身登青云梯。"哎呀，我做梦都想去你那儿了！

李白回复**谢朓**："人烟寒橘柚，秋色老梧桐。谁念北楼上，临风怀谢公"。这两句诗代表我现在正想你呢！
李白回复**孟浩然**："寄君郢中歌，曲罢心断绝。"吾友浩然，你听到了吗？

第3章

孟浩然、王昌龄——"山水田园"VS"边塞风沙"

 **孟浩然**
昵称：字浩然，号孟山人
地区：今湖北襄阳
（689年—770年）

主要成就：唐代著名的山水田园派诗人，擅长五律和五绝，主要作品有《过故人庄》《春晓》《宿建德江》等。

朋友圈：　　　　　　　＞

添加到通讯录

 **王昌龄**
昵称：字少伯
地区：今山西太原（一说今陕西西安）
（698年—757年）

主要成就：唐朝名臣、著名边塞诗人，有"诗家夫子""七绝圣手"之称。其诗以七绝见长，尤以边塞诗最为著名。

朋友圈：　　　　　　　＞

添加到通讯录

爆笑！古代学霸笔记！

孟浩然　年份　王昌龄

- 689年 出生。
- 698年 与弟弟一起读书学剑。 出生。
- 708年 游鹿门山，作《登鹿门山》诗，标志着独特的诗风基本形成。
- 717年 游洞庭湖，登岳阳楼，作《望洞庭湖赠张丞相》诗献给张九龄。
- 718年 居家作诗，慨叹清贫失意。
- 726年 于维扬一带结识李白。 隐居在京兆府蓝田县石门谷。
- 727年 赶赴长安参加科举考试。 进士及第，授秘书省校书郎。

· 大唐卷 ·

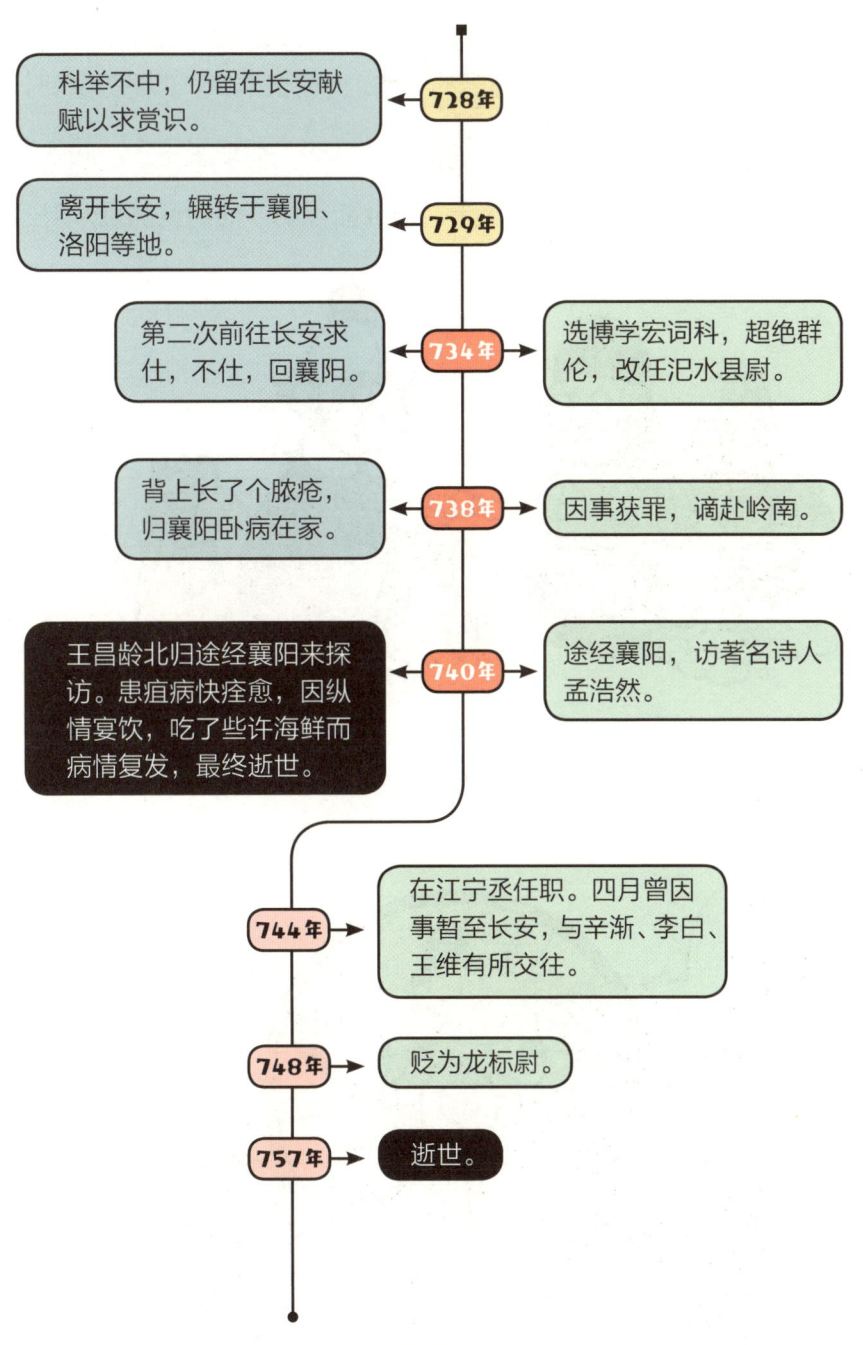

- 728年 科举不中，仍留在长安献赋以求赏识。
- 729年 离开长安，辗转于襄阳、洛阳等地。
- 734年 第二次前往长安求仕，不仕，回襄阳。 / 选博学宏词科，超绝群伦，改任汜水县尉。
- 738年 背上长了个脓疮，归襄阳卧病在家。 / 因事获罪，谪赴岭南。
- 740年 王昌龄北归途经襄阳来探访。患疽病快痊愈，因纵情宴饮，吃了些许海鲜而病情复发，最终逝世。 / 途经襄阳，访著名诗人孟浩然。
- 744年 在江宁丞任职。四月曾因事暂至长安，与辛渐、李白、王维有所交往。
- 748年 贬为龙标尉。
- 757年 逝世。

★一个像夏天，一个像秋天

唐代诗坛上，有两位个性最为显著的学霸：一是孟浩然，二是王昌龄。他们一个是田园诗派的老大哥，一个是边塞诗派的"七绝圣手"，两人诗歌风格迥异，一个像夏天，一个像秋天，但谁能想到，他们竟然是一对感情深厚的好朋友。

孟浩然和王昌龄能成为朋友，大概率也是通过朋友介绍的，毕竟他们有许多共同好友。

在他们各自的朋友圈里,随便点个赞,可能就会看见彼此都认识的人。作为唐代人缘最好的诗人之一,孟浩然自然有李白、杜甫、王维的私人联系方式了;而作为诗坛巨星,王昌龄的通讯录里也少不了李白、王维、王之涣、高适、岑参等圈中好友。看到没有,这两人的朋友圈,基本上就是当时的文化圈。

★官场凉凉了,隐居吧孟夫子!

孟浩然出生于湖北襄阳一个富裕的书香门第,因为家就在 5A 级风景区鹿门山附近,所以他对大自然有种天然的亲切感。孟浩然年轻时不肯好好考功名,偏偏喜欢游山玩水。游玩期间,还广泛结交四海的朋友。

令人意外的是,孟浩然游完后就不愿回家了,开始隐居。这一隐,就隐了许多年。直到唐开元十五年(727 年),他才前往长安参加科举考试。可惜,他落榜了。

好友王维直接向皇帝举荐孟浩然。可当着皇帝的面,孟浩然竟然背了一首诗,借此来表达自己落榜的抑郁心情。

岁暮归南山(节选)

[唐]孟浩然

北阙休上书,南山归敝庐。

不才明主弃,多病故人疏。

这首诗把皇帝气得跳脚。看来,孟浩然这一生注定是与仕途无缘了,由此也被称为"孟山人"。

★ 想出塞从军的太原汉子

王昌龄,出生在山西太原。虽然从小家境贫寒,但他有理想、有抱负,年少时一边耕田,一边放牛,一边读书。

唐朝的很多诗人都有"军旅情结",试问哪一个热血男儿不想保家卫国呢?志向高远的王昌龄踏上出塞之旅,并写下了《出塞》《从军行》等一系列脍炙人口的边塞诗,激励了无数的热血青年奔赴沙场,保家卫国。

出塞

[唐]王昌龄

秦时明月汉时关,万里长征人未还。
但使龙城飞将在,不教胡马度阴山。

从军行

[唐]王昌龄

青海长云暗雪山,孤城遥望玉门关。
黄沙百战穿金甲,不破楼兰终不还。

出塞之旅结束后,王昌龄回到长安,参加科考。他比孟浩然运气好一点,一考就中了。遗憾的是,朝廷只给了他一个秘书省校书郎这样的芝麻小官。

一个嚷着"不破楼兰终不还"的太原汉子,怎么可能愿意过校书郎的生活?他不断挣扎,又是再次参与选拔,又是托人举荐,最后都惨淡收场,还被贬至岭南。

★ 好友来了！喝酒吃肉写写诗！

一个是无法出仕的闲人，一个是被贬的失意人，两人终于在湖北襄阳见了一面。那是740年，王昌龄被贬时路过湖北襄阳，便特意拜访了好友——孟浩然。

不凑巧的是，孟浩然患疾。医生嘱咐他，千万不能吃海鲜，尤其是吃鱼，否则纵使华佗再世，也难以回天。

可是一见到老王，孟浩然就把医生的嘱咐抛到了九霄云外，酒喝了一坛又一坛，肉吃了一盘又一盘。

孟浩然还特地为王昌龄写过一首名为《送王昌龄之岭南》的诗。这首诗的大概意思就是：老王啊，岭南缺衣少食，你就在我这儿多吃点吧。

★用生命诠释何为"吃货"

写好诗，孟浩然还准备了襄阳人宴客时的招牌菜——汉江查头鳊。孟浩然是个吃货，当美食摆在面前，哪有不吃的道理？

由于孟浩然吃了鱼，送别好兄弟不久后，病情加重，神仙也救不了他。就这样，孟浩然永远地闭上了眼睛。

王昌龄人还没到长安，便听说了孟浩然的死讯。更让人无法接受的是，孟浩然是因为和他吃饭时没有忌口，吃了鱼导致犯旧疾而死。

此时，王昌龄的内心，或许不是"内疚"二字就能概括的。

学霸笔记

宿建德江
[唐] 孟浩然

移舟泊烟渚，
日暮客愁新。
野旷天低树，
江清月近人。

- 宿：留宿、投宿。
- 建德江：指新安江流经建德（今属浙江）西部的一段江水。
- 日暮：傍晚。
- 客：指作者自己。
- 愁：为思乡而忧思不堪。
- 泊：停船靠岸。
- 烟渚：指江中雾气笼罩的小沙洲。
- 野旷：原野空旷辽阔。这句的译意为：原野空旷，天幕低垂，好像和树木相连。
- 月近人：倒映在水中的月亮好像在靠近人。

★巧妙借景烘托情

《宿建德江》是唐代诗人孟浩然创作一首写景的五绝诗。这首诗刻画了诗人停舟江畔时的所见之景，借此抒发了自己的孤寂之情。同学们，让我们一起学学如何借景抒情。

首先，诗人以"移舟"为背景，直接点题。而"移舟泊渚"就是为了"宿建德江"，同时也为后面的借景抒情做好了准备。

其次，"愁"是这首诗的"诗眼"。第二句诗中的"日暮"是因，"客愁新"是果，因为天色渐晚，再加上漂泊在外，所以"愁"才会涌上心头。

最后，诗的后两句是一个对偶句，一个是远景，一个是近景，很好地将天和树、人和月的关系描写得具体可感，烘托出了诗人那种孤寂、愁闷的心情。

孟浩然的这首小诗，巧妙地借助景物来烘托自己的内心情感。情景相生、淡中有味、含而不露，颇具特色。

学霸小剧场

盛唐诗歌班（20）

 王昌龄

送王昌龄之岭南

洞庭去远近，枫叶早惊秋。

岘首羊公爱，长沙贾谊愁。

土毛无缟纻，乡味有槎头。

已抱沈痼疾，更贻魑魅忧。

数年同笔砚，兹夕间衾裯。

意气今何在，相思望斗牛。

 王昌龄

快来看看！这是我好友孟大哥写给我的送别诗，我可喜欢了！@孟浩然

 王维

不得了了，这首诗可比老孟当初送我的《留别王维》情谊更深！

盛唐诗歌班（20）

 李白
孟兄的这首送别诗，诗从洞庭秋意写起，给人以萧瑟之感。接着用羊祜、贾谊作喻，赞叹了老王的政绩和才华，最后写出二人友情之深。@孟浩然　孟兄，我服了！

 王之涣
你俩情谊，果真深厚！

 王昌龄
各位，你们都是我的好友！爱你们 @王维 @李白 @王之涣

 孟浩然
就是。咱们盛唐诗歌班，谁的人缘最好？王昌龄是也！@王昌龄

 王昌龄
盛唐诗歌班，人才济济，肯定能百花齐放！
　@王维 @李白 @王之涣 @孟浩然

第 4 章

王昌龄、王之涣、高适、岑参——边塞"四大天王"的终极 PK

王昌龄
昵称：字少伯
地区：今山西太原
（698年—757年）

主要成就：唐朝大臣、著名边塞诗人，有"诗家夫子""七绝圣手"之称。其诗以七绝见长，尤以边塞诗最为著名。

朋友圈： >

添加到通讯录

王之涣
昵称：字季凌
地区：今山西太原
（688年—742年）

主要成就：唐朝著名诗人，尤擅写五言诗，以描写边塞风光为胜，代表作有《登鹳雀楼》《凉州词二首》等。

朋友圈： >

添加到通讯录

高适
昵称：字达夫
地区：今河北景县
（约704年—765年）

主要成就：唐朝大臣、边塞诗人。与王昌龄、王之涣、岑参合称"边塞四诗人"。

朋友圈： >

添加到通讯录

岑参
昵称：岑嘉州
地区：今湖北荆州
（或河南南阳）
（约718年—约769年）

主要成就：唐代诗人，与高适并称"高岑"。善于七言歌行，边塞诗写得最出色。

朋友圈： >

添加到通讯录

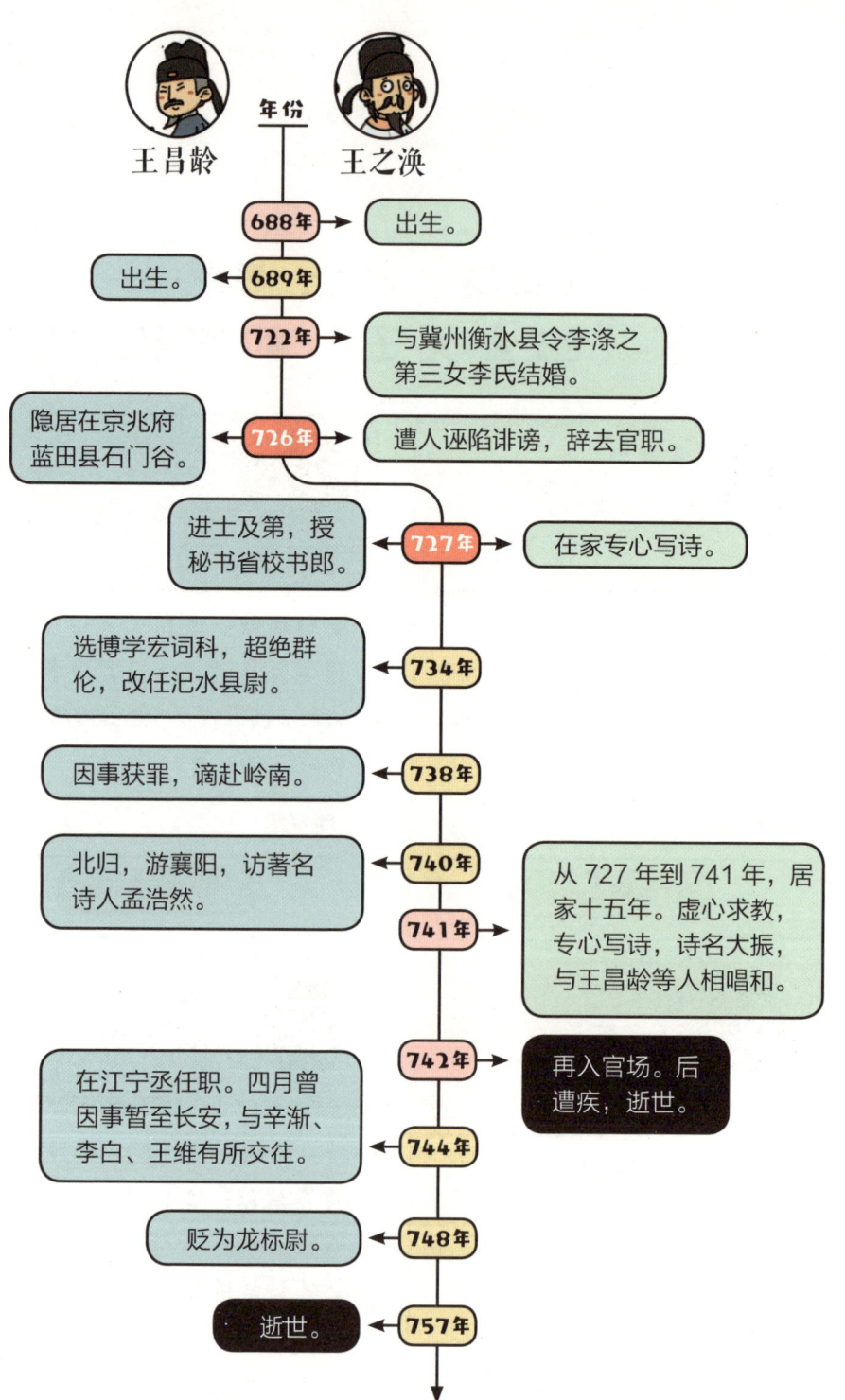

· 大唐卷 ·

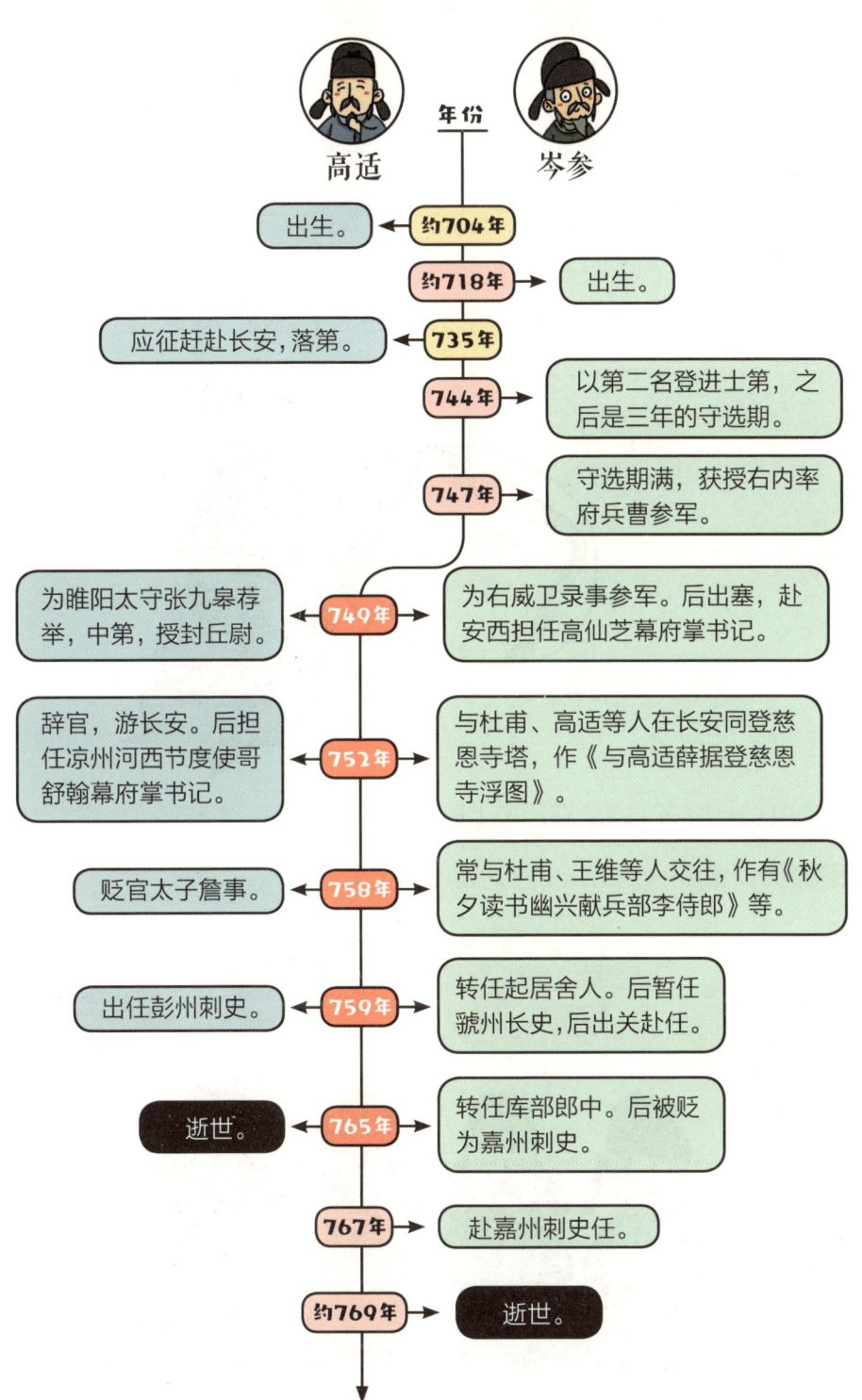

	年份	
		高适　岑参
出生。	约704年	
	约718年	出生。
应征赶赴长安，落第。	735年	
	744年	以第二名登进士第，之后是三年的守选期。
	747年	守选期满，获授右内率府兵曹参军。
为睢阳太守张九皋荐举，中第，授封丘尉。	749年	为右威卫录事参军。后出塞，赴安西担任高仙芝幕府掌书记。
辞官，游长安。后担任凉州河西节度使哥舒翰幕府掌书记。	752年	与杜甫、高适等人在长安同登慈恩寺塔，作《与高适薛据登慈恩寺浮图》。
贬官太子詹事。	758年	常与杜甫、王维等人交往，作有《秋夕读书幽兴献兵部李侍郎》等。
出任彭州刺史。	759年	转任起居舍人。后暂任虢州长史，后出关赴任。
逝世。	765年	转任库部郎中。后被贬为嘉州刺史。
	767年	赴嘉州刺史任。
	约769年	逝世。

★ 组团出道的"社交之王"

古代诗人中有好多姓王的啊！王安石、王之涣、王维……在这诸多"老王"中，有一位堪称"社交之王"，朋友遍天下。他就是有"七绝圣手"之称的唐朝大臣、著名边塞诗人——王昌龄。看他的朋友圈，简直就是在看"唐诗名人堂"，什么李白、高适、王维、王之涣、岑参、孟浩然……豪华程度，堪称唐诗界的"全明星梦之队"。

这位"社牛"王昌龄，在历史上还和王之涣、高适、岑参三人合称为**"边塞四诗人"**，堪称大唐诗坛的"边塞四大天王"。

· 大唐卷 ·

★ 酒楼上的较量!

那时候,王昌龄和高适、王之涣三人因为边塞诗写得好,都很有名气。一天,他们仨约好到酒楼聚一聚。恰好酒楼里有几位女子在表演节目,演唱的都是当时有名的曲子。

他们仨一时兴起,想要现场较量一下,就以这四位女子唱谁的诗最多,来判定谁是最厉害的诗人。

结果,有两位女子唱的是"社牛"王昌龄的诗,分别是《芙蓉楼送辛渐》和《长信秋词》,另一位女子唱的是高适所作的《哭单父梁九少府》。

成名许久的王之涣有些不服，指着乐人中最美的那一位说："等一下若她唱的不是我的诗，我甘愿认输！"出乎意料的是，最后一位女子唱的真的是王之涣的得意之作《凉州词》。

★一场"王牌对王牌"的PK

都说唐代是强盛的时代，边塞"四大天王"当中，谁写的边塞诗更胜一筹？就这样，一场"王牌对王牌"的PK拉开了序幕——

第一个亮相的这位诗人，在边关历练许多年，他就是"天下谁人不识君"的高适。他的诗笔力雄健，气势奔放，尤其是边塞诗写得霸气外露，代表作有《燕歌行》《塞上听吹笛》《塞下曲》《蓟中作》等。

塞上听吹笛

[唐] 高适

雪净胡天牧马还，月明羌笛戍楼间。

借问梅花何处落，风吹一夜满关山。

第二位出场的便是"边塞诗小能手"王昌龄，他的边塞诗意境开阔，雄浑豪迈，代表作《从军行七首》《出塞》。他擅长捕捉画面，《出塞》还进入了盛唐流行音乐榜 TOP3 呢！

第三位便是号称盛唐时代"边塞诗数量王"的岑参，其诗意境新奇，风格奇峭，气势磅礴，最是富有浪漫主义的色彩，代表作有《送人赴安西》《白雪歌送武判官归京》《走马川行奉送出师西征》。

压轴出场的便是隐藏的写诗高手——王之涣。他的边塞诗作品虽不多，但贵精不贵多，一首《凉州词》便让他挤进了"唐朝最有影响力诗人排行榜"。其诗用词十分朴实，但胜在意境深远，回味无穷。

凉州词二首·其二

[唐] 王之涣

单于北望拂云堆，杀马登坛祭几回。

汉家天子今神武，不肯和亲归去来。

爆笑！古代学霸笔记！

姓名：
高适
段位：
青铜8级
入选作品：
《塞上听吹笛》
《燕歌行》
必杀技：
故事大杂烩

姓名：
王昌龄
段位：
白银8级
入选作品：
《从军行七首》
《出塞》
必杀技：
超高清绘景

姓名：
岑参
段位：
青铜7级
入选作品：
《白雪歌送武判官归京》
《走马川行奉送出师西征》
必杀技：
场面大荟萃

姓名：
王之涣
段位：
黄金8级
入选作品：
《凉州词二首》
必杀技：
一听就上瘾

★边塞"铁血硬汉"也很"皮"

提到岑参,很多人第一反应大概都是《白雪歌送武判官归京》里的这两句诗:"北风卷地白草折,胡天八月即飞雪。忽如一夜春风来,千树万树梨花开。"岑参曾两度出塞,在他所写的诗篇里,有塞外的奇异风光,还有边关行军环境的艰险。

君不见走马川行雪海边,平沙莽莽黄入天。

其实,这位边塞"铁血硬汉"也很"皮"。他第一次出塞时路过一家客栈,看到一位70岁的老人家在卖酒,大大小小的酒壶、酒瓮摆满了客栈门口。见惯了边塞环境的艰苦,看到老百姓能够安安稳稳地生活,他有感而发,便写下了一首小诗:

戏问花门酒家翁

[唐]岑参

老人七十仍沽酒,千壶百瓮花门口。
道旁榆荚巧似钱,摘来沽酒君肯否?

诗虽然只有四句，但是语言浅显易懂，一读就引人发笑，果真很"皮"。

★ **大王的成功逆袭**

盛唐时代的边塞诗层出不穷，王昌龄、高适和岑参三位"大咖"大多是以边塞诗作传世，唯独王之涣别具一格。他留存的诗作不多，《全唐诗》也只收录了六首。究其原因，有可能是他的官做得太小，也有可能是同僚和他的关系不太好，所以故意不收录王之涣的作品。

· 大唐卷 ·

尽管如此，老天还是宠爱着大王，他后来仅凭《凉州词》《登鹳雀楼》这两首诗就火遍大唐。为什么？因为他的诗写得很美，唱起来更是好听到极点。王之涣虽然没有李白斗酒诗百篇的才华，但留下的这两首名篇，足以让我们传颂千古。

听，是谁在唱歌？

哥重质不重量。

学霸笔记

凉州词：《听玉门关吹笛》《凉州歌》。为当时流行的一种曲子（《凉州词》）配的唱词。

凉州词
[唐] 王之涣

黄河远上白云间，
一片孤城万仞山。
羌笛何须怨杨柳，
春风不度玉门关。

羌笛：唐代边塞上常见的一种乐器。
杨柳：《折杨柳》曲，古诗文中常以杨柳喻送别。
这一句的译意为：何必用羌笛吹起那哀怨的杨柳曲，去埋怨春光迟迟不来呢？

玉门关：古代通往西域的要道。

★ 情景交融意味长

边塞诗**《凉州词》**，不仅是脍炙人口的名篇，还被后人评为唐人绝句中的压卷之作。因为这首诗写得曲而有致，情境如画，浑然一体，不但创造出了悲壮苍凉的氛围，而且给人一种意味深长的感受，让我们来学一学。

第一句诗写出了**由近及远**眺望黄河的感受，为我们描绘出了这样的画面：汹涌奔腾的黄河像是一条长长的丝带，远远望去，仿佛一直飘到了白云之间。第二句诗写了一座孤城巍然屹立在高山之中，显得那么孤寂。这两句诗不仅描写了塞外边地壮阔的自然风光，还借此表达了塞外将士们的孤苦、苍凉。

第三句诗中的**"柳"**字，与**"留"**字谐音，暗喻了离别之意。故此，当将士们在这样的苍凉环境中听到了用羌笛吹奏的曲子时，内心十分惆怅；那曲调哀怨伤感，将士们的心中不禁有了思乡之愁。诗中的**"何须怨"**三字，含义更加深远，特别富有情味，不仅表现出边塞将士们浓郁的怨情和无限的乡思，还令我们体会到了将士们虽思乡情重但也深知自身的责任、仍坚守孤城的坚毅之心。

学霸小剧场

朋友圈

高适
送别老友,感慨良多,写了一首《别董大》,共勉。

> 莫愁前路无知己,
> 天下谁人不识君。

♡ 李白、杜甫、王昌龄、岑参、王之涣等好友

💬 李白:被你感动了!
　 杜甫:老高,有机会再来一次三人游哟。
　 王昌龄:新人求带。
　 王之涣:同上。

岑参
今日送好友归京,特写下《送崔子还京》。

> 送君九月交河北,
> 雪里题诗泪满衣。

♡ 崔子、高适、王昌龄、王之涣等好友

爆笑！古代学霸笔记！

朋友圈

> 崔子：岑兄，后会有期！
> 高适：别难过，你还有我！
> 王昌龄：🧎
> 王之涣：同上。

王昌龄
小渐渐（辛渐），今日一别，我特提笔写下《芙蓉楼送辛渐》，咱们下次再会！

> **洛阳亲友如相问，一片冰心在玉壶。**

♡ 李白、高适、王维、王之涣、岑参、辛渐等好友
> 王之涣：我懂你！
> 王维：同上。
> 辛渐："一片冰心在玉壶"，我会给洛阳亲友带到的。

· 大唐卷 ·

朋友圈

王之涣
好友即将离开京城,此时正是杨柳生长的春季,于是我写下了这首《送别》。

> 杨柳东门树,
> 青青夹御河。

♡ 王昌龄、高适、岑参等好友

王昌龄:老王,我也想你!
高适:同上。何时再聚?
岑参:感同身受啊 🧟 。

第 5 章

刘禹锡、柳宗元——从同学到同事

 **刘禹锡**
昵称：字梦得
地区：今河南洛阳
（772年—842年）

主要成就：唐朝大臣、文学家、哲学家，有"诗豪"之称。与白居易并称"刘白"，与柳宗元并称"刘柳"。

朋友圈： >

添加到通讯录

 **柳宗元**
昵称：字子厚，号柳河东
地区：今山西运城
（773年—819年）

主要成就：唐代文学家、哲学家、散文家和思想家，因官终柳州刺史，又称"柳柳州"，与刘禹锡并称"刘柳"。

朋友圈： >

添加到通讯录

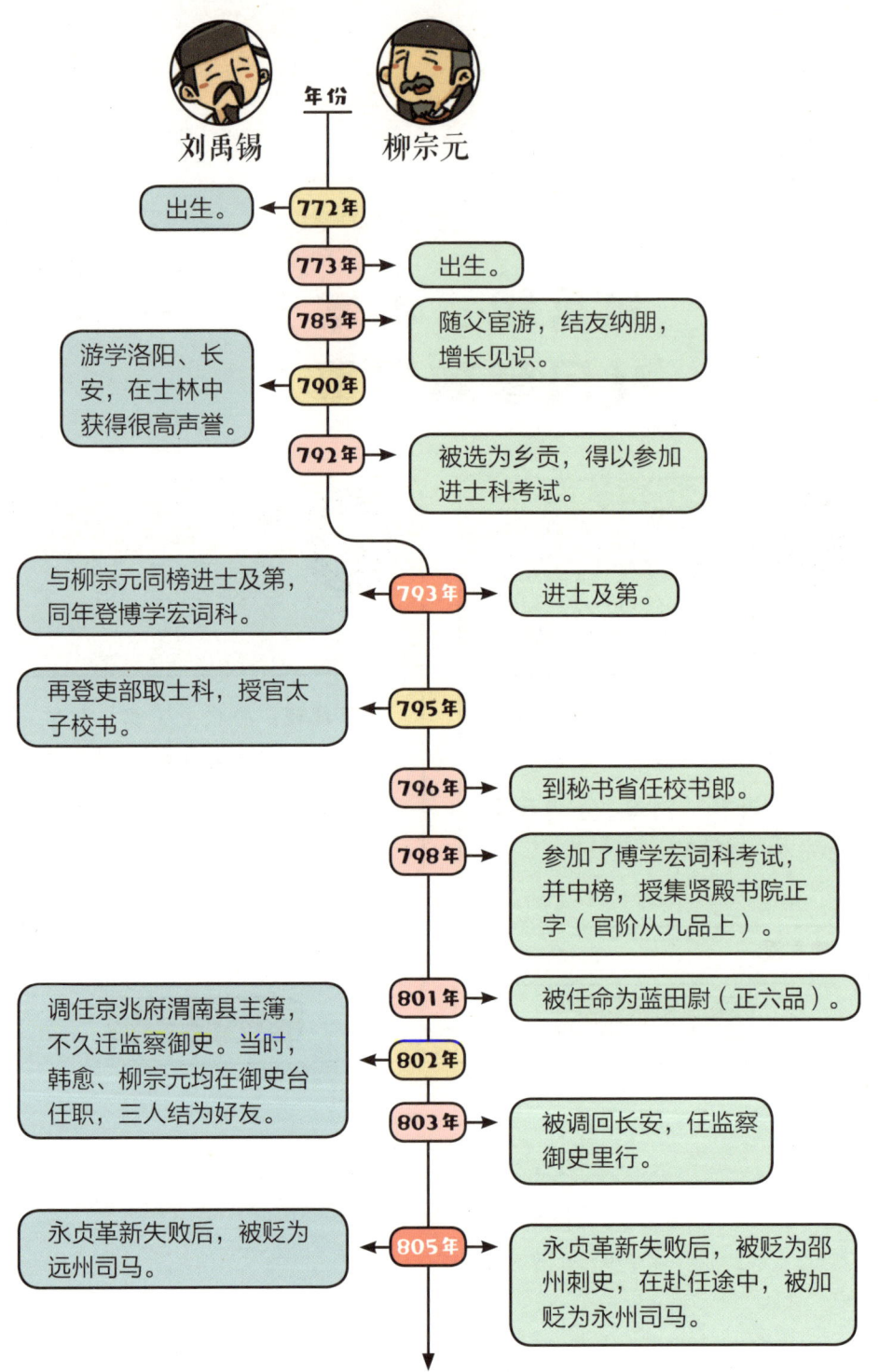

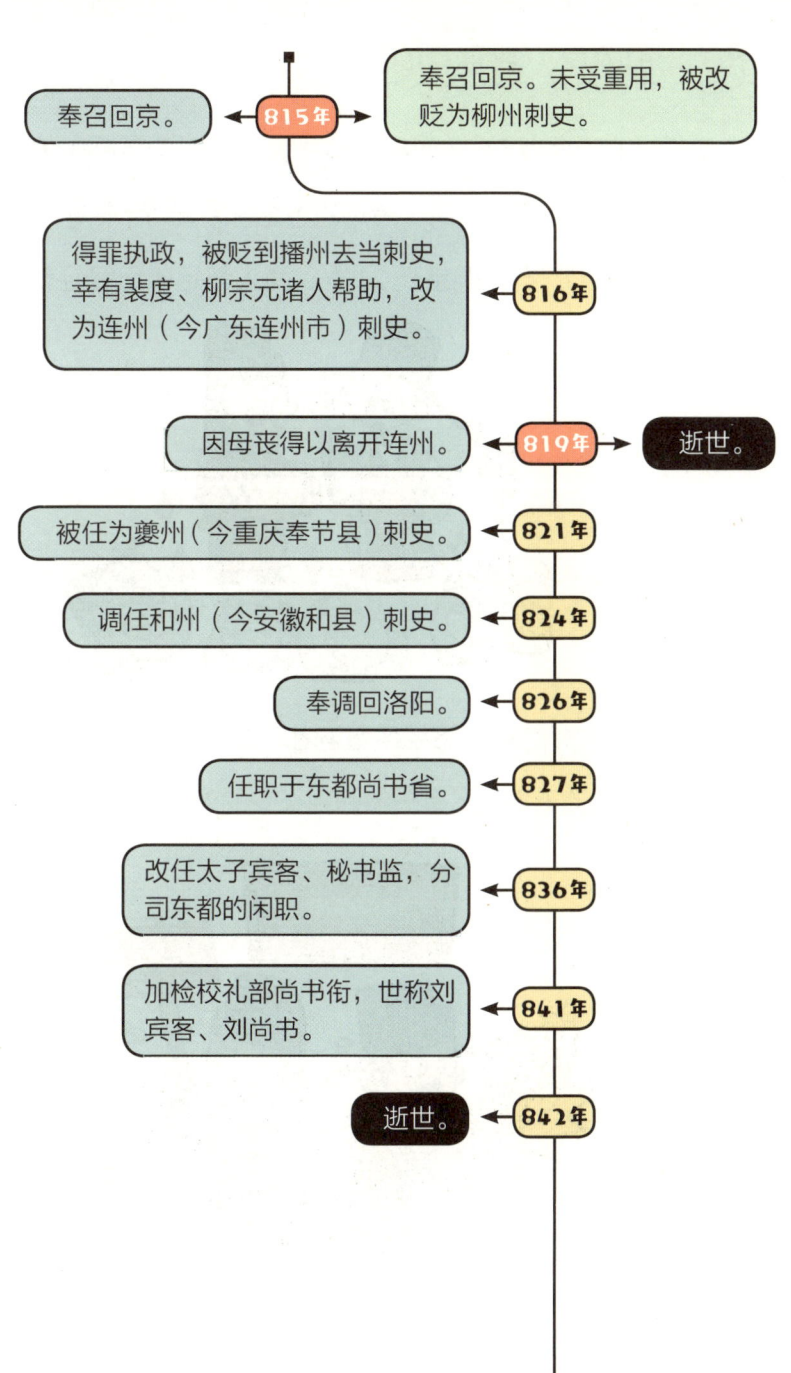

★齐上榜的同学，抓贪官的同事

贞元九年（793年），刘禹锡前往大唐当时的首都长安，参加全国最高级别的科举考试，遇到了同一考场的考生柳宗元，后来两人双双进士及第。那一年，刘禹锡23岁，柳宗元22岁。两人都是年纪轻轻就高中进士，妥妥的高分学霸。

而后他们各奔前程，历经风霜洗礼，这一别就是十年。803年，柳宗元回到长安担任监察御史。早一年回到长安的刘禹锡，早已为他摆下酒席，接风洗尘。

他们聊了很久：蓝田县的官吏太贪啦，徐州的兵痞一点都不像话，朝廷的风气不正啊……两个三十多岁的男人，为这些糟心事哭得稀里哗啦。刘、柳二人兜兜转转，成为同事加密友，共同进行反腐倡廉工作。

★改革不成，那就一起被贬吧！

好景不长，公元 805 年，两人一起参加了永贞革新，帮皇帝大刀阔斧搞改革，结果得罪了宦官集团，宦官集团将才当了一年的皇帝给换了，于是，两个人就一起被贬了……刘禹锡去了朗州（今湖南常德），柳宗元去了永州（今湖南永州），好在两人都在湖南，也不算太远。

被贬永州不到半年，柳宗元青梅竹马的妻子早逝，老母亲也撒手西去，身边连个孩子都没有，33 岁的柳宗元感觉全世界都抛弃了他。这是他来到永州后，写的一首诗：

江雪

[唐] 柳宗元

千山鸟飞绝，万径人踪灭。
孤舟蓑笠翁，独钓寒江雪。

在分处两地的时候，刘禹锡没忘记他，经常给他写信、寄土特产，勉励他要好好生活——

爆笑！古代学霸笔记！

秋词二首·其一

[唐] 刘禹锡

自古逢秋悲寂寥，我言秋日胜春朝。
晴空一鹤排云上，便引诗情到碧霄。

★韩柳论战，刘某来助阵！

被贬期间，还发生了一件有趣的事。当时柳宗元看到了好友韩愈写的论文《原道》，对其中的观点有不同意见，于是写了一篇论文《天说》，和韩愈展开了一场哲学论战。刘禹锡知道后，马上挥笔写了论文《天论》三篇，对柳宗元进行声援。柳宗元深受感动，明白了谁才是真正懂自己的人。

韩柳之辩，其实是哲学上唯心主义与唯物主义的争论。韩愈主张天与人是两种相互独立的自然存在物，人的存在破坏了天的自然存在状态。柳宗元认为天地和草木一样，都不过是客观存在的物质实体，没有人格。两位辩手各有立场。

刘禹锡和柳宗元被贬十年后，皇帝动了恻隐之心，将二人召回京城。两人喜出望外，回京的路上，写了许多诗歌，表达各自愉悦欣喜的心情。

汨罗遇风

[唐] 柳宗元

南来不作楚臣悲，重入修门自有期。
为报春风汨罗道，莫将波浪枉明时。

这首诗是柳宗元路过汨罗江时写下的，历经十年放逐还能写下"春风"二字，可以想象他当时的心情有多么开心。

· 大唐卷 ·

★ 让我替兄弟贬得更远些！

到了京城后，刘禹锡到长安城的玄都观故地重游的时候，一时兴起，作诗一首：

元和十年自朗州至京戏赠看花诸君子
[唐] 刘禹锡

紫陌红尘拂面来，无人不道看花回。
玄都观里桃千树，尽是刘郎去后栽。

他明着说桃花，其实是在讽刺朝中的大臣。由于这首诗刺痛了那些攀高结贵的大臣，刘禹锡因此立即受到了打击报复。

柳宗元帮他求情，结果两个人又一起被贬了。刘禹锡被贬到播州，柳宗元被贬到柳州。由于刘禹锡有80岁老母亲，柳宗元哭着上奏皇帝，要求"以播易柳"，自己去更远的播州，免得刘禹锡的老母亲舟车劳顿，身体吃不消。最后其他大臣帮着求情，唐宪宗发了善心，刘禹锡才由播州改贬连州。

★ 为君编书，代汝教子

公元819年，皇帝下令召回柳宗元，而他却已经含冤去世，年仅47岁。刘禹锡知道这件事后，悲痛欲绝，写下了这首诗：

重至衡阳伤柳仪曹

[唐] 刘禹锡

忆昨与故人，湘江岸头别。

我马映①林嘶，君帆转山灭。

马嘶②循古道，帆灭如流电③。

千里江蓠④春，故人今不见。

注释：①映：遮蔽。②嘶：马鸣。③流电：喻迅速。④江蓠（lí）：香草名，又作江离、蘼芜。

爆笑！古代学霸笔记！

柳宗元临终前留书把儿子柳告托付给了刘禹锡，刘禹锡也不负好友所托，把柳告培养成人，柳告还考中了进士。刘禹锡还花二十多年，对柳宗元的文稿进行了整理，就是后来的《柳河东文集》。刘、柳二人一生的追求和想法出奇一致，心意相通。茫茫人海中，能彼此信赖，荣辱与共。人生能得一知己足矣，大概说的就是他俩的友情了。

学霸笔记

望洞庭

[唐] 刘禹锡

湖光秋月**两**相**和**，
潭面无风**镜未磨**。
遥望洞庭**山**水翠，
白银盘里一**青螺**。

- 湖光：湖面的波光。
- 两：指湖光和秋月。
- 和：和谐。指水色与月光交相辉映。
- 洞庭：湖名，在今湖南省北部。
- 镜未磨：古人的镜子用铜制作、磨成。意思是说湖面无风，水平如镜。
- 山：指洞庭湖中的君山。
- 白银盘：形容平静而又清澈的洞庭湖面。
- 青螺：这里用来形容洞庭湖中的君山。

★ 善用比喻显诗韵

《**望洞庭**》是刘禹锡的代表作，描写了月夜遥望千里洞庭，月色柔美，山水交相辉映的美丽画卷。其中，诗人对于比喻的娴熟运用，特别值得学习。

前两句的比喻，写的是洞庭湖上月光和水色的交融，把风平浪静的湖面比作未磨的铜镜。全诗从一个"**望**"字确定远望的视野，是大范围、远距离的观察。"**镜未磨**"表现了千里洞庭风平浪静的景象，"**未磨**"二字精准地写出了湖面在月光下的朦胧美。

品鉴后两句诗需要结合诗人的性格和经历，在诗人刘禹锡眼中，千里洞庭和葱翠青山也不过如盘子和青螺一般可以欣赏把玩，此时的诗人已经不再是一个渺小的个体，只盯着眼前的方寸之地，而是把视角和心胸放在天地宇宙之中，因为人的心大了，世界就小了。这里是比喻的组合用法，将湖面比作白银盘，将君山比作青螺，是大比喻套小比喻，同时兼具形与色。

从全诗来看，"镜未磨""白银盘"和"青螺"生动形象地写出了湖山的绮丽壮美。银盘与青螺相映，明月与湖光互衬，勾勒出了一幅美丽的洞庭山水图。

爆笑！古代学霸笔记！

学霸小剧场

朋友圈

刘禹锡
遥望洞庭山水翠，白银盘里一青螺。

湖南省

♡ 柳宗元、白居易、韩愈、元稹、裴度、令狐楚、王叔文等好友

💬 柳宗元：梦得兄，下次叫上我一起去呀！
白居易：果然风景独特！
王书文：好雅致！有机会我也要去一睹洞庭湖风采。

柳宗元
孤舟蓑笠翁，独钓寒江雪。

龙兴寺

♡ 柳宗元、吴武陵、王叔文、元稹、韩愈等好友

💬 刘禹锡：兄弟，好好生活，一切都会好起来的！
吴武陵：子厚兄，切勿感伤！
韩愈：👶👶

第 6 章

白居易、元稹——
两个男人的旷世友情

白居易
昵称： 字乐天，号香山居士
地区： 今山西太原

（772 年—846 年）

主要成就： 唐代伟大的现实主义诗人，唐代三大诗人之一。诗歌题材广泛，形式多样，语言平易通俗，有"诗魔"和"诗王"之称。

朋友圈： >

添加到通讯录

元稹
昵称： 字微之
地区： 今河南洛阳

（779 年—831 年）

主要成就： 唐朝大臣、文学家。与白居易同科及第，结为终生诗友，同倡新乐府运动，共创"元和体"，世称"元白"。

朋友圈： >

添加到通讯录

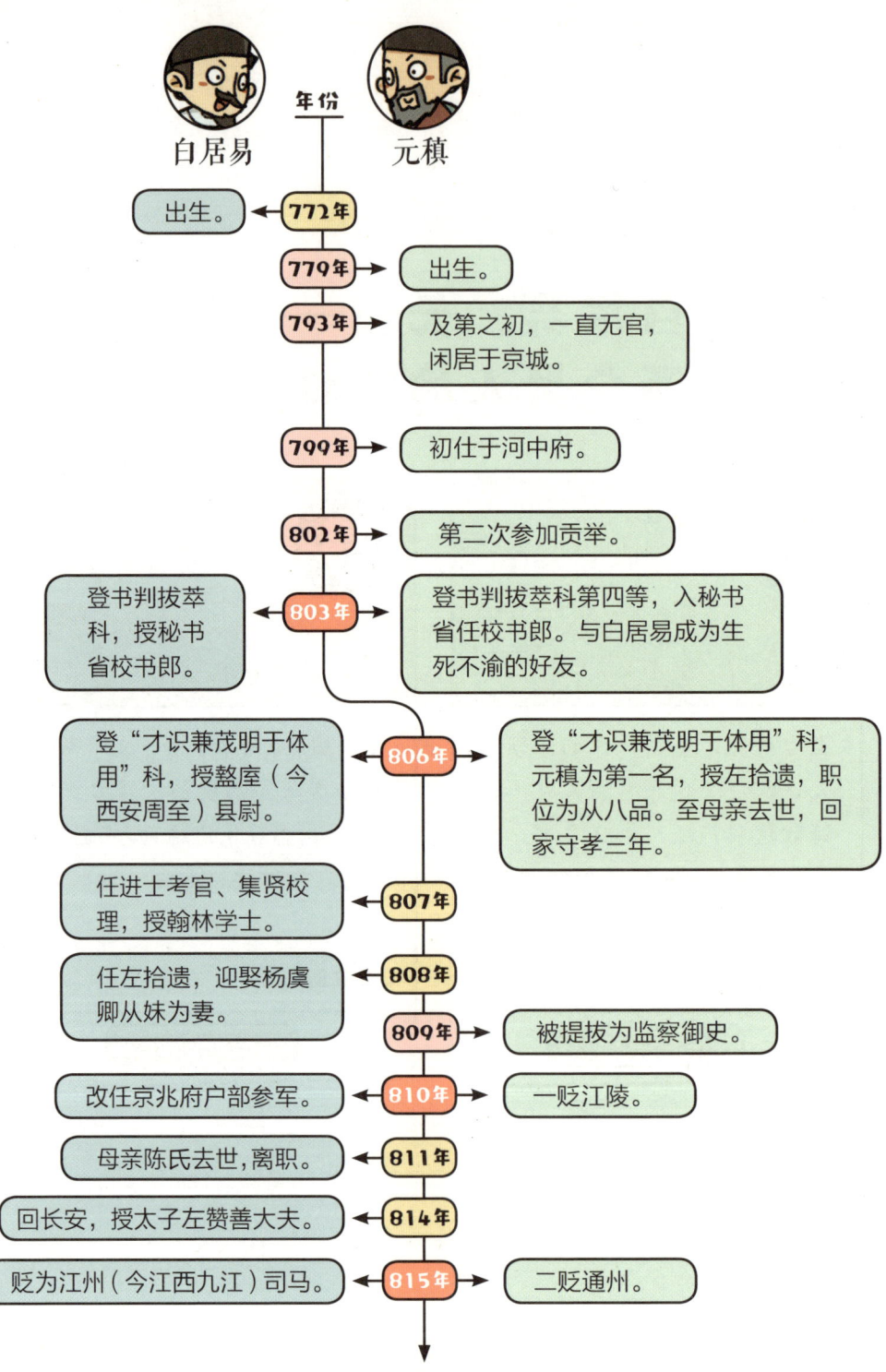

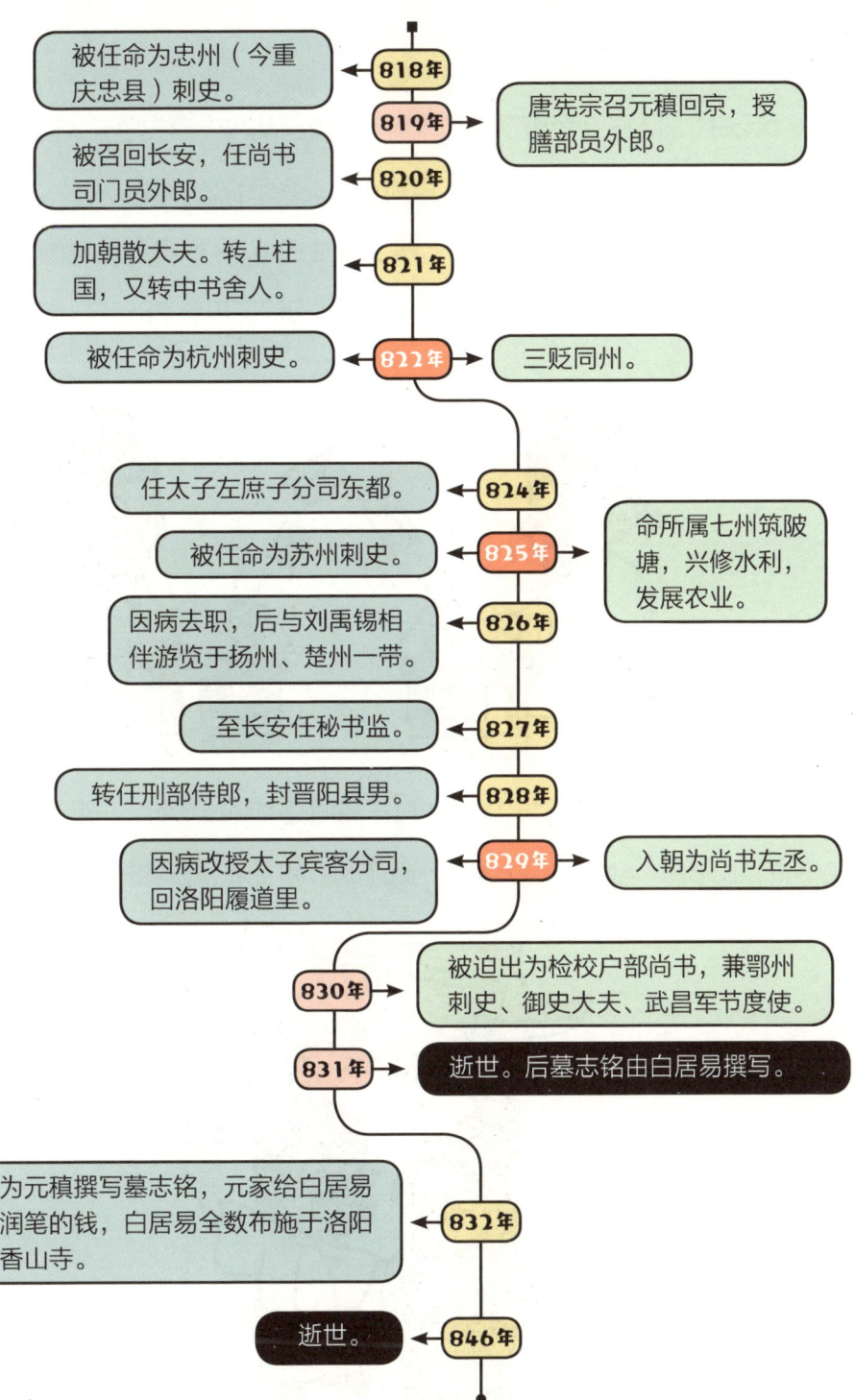

★ 想你就写信，老铁没毛病

"元白"的人生，经历了永贞革新、藩镇叛乱和牛李党争，大起大落，患难相扶。两位大学霸在唐朝诗人里称得上关系最铁的一对。

两人相识三十余年。据统计，两人来往通信1800多封，互赠诗篇近1000篇。算下来，每个月互寄5封信，可能回信还没收到，下一封就急不可待地寄出去了。

803年，24岁的元稹与31岁的白居易同登书判拔萃科，一起被分配到秘书省当校书郎，他们一起上班，一起下班，享受着快乐的打工生活。

· 大唐卷 ·

★ 好兄弟，收到我的快递没？

快乐的时光总是短暂的。806年，元稹的母亲去世，他离职回家守孝三年。这三年里，元稹没有收入，白居易大力资助他，帮他度过了那段艰难的日子。

支付宝到账：××钱

感谢白兄！

811年，白居易也因母亲去世停薪留职在乡村守丧，元稹又寄衣服又寄吃的，还慷慨转账二十万钱。

寄元九

[唐]白居易

三寄衣食资，数盈二十万。
岂是贪衣食，感君心缱绻。

从诗文中还得知，他们两人寄过的东西不限于衣服、吃食、钱财，甚至还有各种特产，比如凉席……

寄生衣与微之，因题封上

[唐]白居易

浅色毂衫轻似雾，纺花纱袴薄于云。
莫嫌轻薄但知著，犹恐通州热杀君。

★做梦都想和你在一起

有一次元稹被派到四川出公差。白居易和弟弟白行简、友人李建去曲江、慈恩寺游玩。大家正喝酒喝得高兴，他突然放下酒杯，说："我的兄弟这时候应该走到梁州了吧？"

于是，他便在李建家的墙上题诗一首——

同李十一醉忆元九

[唐]白居易

花时同醉破春愁，醉折花枝作酒筹。
忽忆故人天际去，计程今日到梁州。

巧合的是，过了十几天，白居易收到一封元稹的信，信上说，白居易写诗的那天晚上，元稹做了一个梦，梦到和白居易同游曲江，正玩得高兴，突然车马声响起，发现自己是在梁州啊。

梁州梦

[唐]元稹

梦君同绕曲江头，也向慈恩院院游。
亭吏呼人排去马，忽惊身在古梁州。

★最牵挂你的人是我

白居易和元稹二人政治理想远大，喜欢直言谏上，难免会触犯朝中旧官僚阶层的利益。他们还喜欢写讽喻作品，更是得罪了当权者。

815年，元稹被贬到四川通州，还没来得及为自己的处境担忧，他便收到了白居易被贬为江州司马的消息。他立刻写下：

闻乐天授①江州②司马③

[唐]元稹

残灯④无焰影幢幢⑤，此夕闻君谪⑥九江。

垂死⑦病中惊坐起，暗风吹雨入寒窗。

白居易看到"垂死病中惊坐起"，想起友人不顾自身安危为自己担心，便一封接一封回信。

"谁知千古险，为我二人设。"

"如何含此意，江上坐思君。"

"生当复相逢，死当从此别。"

……

——《寄微之三首》

注释：①授：授职，任命。②江州：即九江郡，治所在今江西省九江市。③司马：官名。唐代以司马为州刺史的辅佐之官，协助处理州务。④残灯：快要熄灭的灯。⑤幢（chuáng）幢：灯影昏暗摇曳之状。⑥谪：古代官吏因罪被降职或流放。⑦垂死：病危。

★ 友情岁月，眼泪成诗

有一次，元稹收到一封信，他还没打开信件，便泪眼婆娑。他的妻子和女儿都吓坏了，不知发生了什么事。得知是白居易写来的信件后，也就不以为然了。

得乐天书

[唐]元稹

远信入门先有泪，妻惊女哭问何如。

寻常不省曾如此，应是江州司马书！

两人感情深切。831 年，53 岁的元稹在武昌军节度使的岗位上暴卒，白居易在洛阳收到消息，感觉天都塌了。运棺材的车队经过洛阳，白居易抚棺痛哭。

午夜梦回，垂泪天明。多年后的某个清晨，年近 70 岁的白居易又想起了老元，一首七律含泪写成：

梦微之

[唐]白居易

夜来携手梦同游,晨起盈巾泪莫收。

漳浦老身三度病,咸阳宿草八回秋。

君埋泉下泥销骨,我寄人间雪满头。

阿卫韩郎相次去,夜台茫昧得知不?

元稹逝世后的第十五年,白居易逝于洛阳。

学霸笔记

钱塘湖春行

[唐]白居易

孤山寺北贾亭西,
水面初平云脚低。
几处早莺争暖树,
谁家新燕啄春泥。
乱花渐欲迷人眼,
浅草才能没马蹄。
最爱湖东行不足,
绿杨阴里白沙堤。

钱塘湖:即杭州西湖。

乱花:纷繁的花。
渐:副词,渐渐地。
欲:副词,将要,就要。
迷人眼:使人眼花缭乱。这里描述了作者对春天的想象。

水面初平:湖水刚和堤岸齐平。
初:不久。
云脚:接近地面的云气,"脚"在这里指低垂的云。

行不足:百游不厌。足,满足。

★ 细节处处显美景

这是一首描绘西湖美丽风光的名篇。这首诗把初春的西湖描绘得生机勃勃，处处紧扣初春的特征。我们来看看这首诗细节描写的精妙吧。

先用仰视，写作者所见的鸟雀，显示出春天的生机勃勃。黄莺和燕子都是初春的信使，这些景物都表达出了初春的生命力。

"**几处**"二字，勾画出鸟叫声的起伏和诗人寻声的情景。"**谁家**"二字又表现出诗人的心理活动，并使读者浮想联翩。

因为是早春，百花尚未齐开，作者此处用一个"**乱**"字来形容恰如其分。而春天的小草，也还没有长得茂盛，仅没过马蹄，所以用一个"**浅**"字来形容。

这两联细致地描绘了西湖春行所见景物，以"早""新""争""啄"表现鸟雀萌新的动态；以"乱""浅""渐欲""才能"，传递花草缤纷的生机。字里行间生动地把早春清新的气象透露出来。

学霸小剧场

朋友圈

元稹
天不负我,终于能让我在官场一展身手了!

♡ 张籍、王建、孟郊、温庭筠等好友

💬 张籍:恭喜恭喜!
　　王建:皇天不负有心人!
　　孟郊:是金子总会发光!
　　温庭筠:可喜可贺,向你学习!

白居易
今朝有酒今朝醉,我亲爱的元兄,你在哪呢?
@元稹

♡ 元稹、韩愈、李建、白行简等好友

💬 元稹:给我留下一口酒!等着我回来共饮,哈哈哈。
　　韩愈:白兄,有我一杯吗?
　　李建:@元稹 哈哈,我们等着的!
　　白行简:@元稹 元兄,盼此一行甚久,速速归来一聚哦。

第 7 章

韩愈、柳宗元——大唐文坛"韩柳"来袭!

韩愈

昵称：字退之
地区：今河南孟州

（768年—824年）

主要成就：唐代中期官员、文学家、思想家、哲学家。唐朝古文运动的倡导者，被后人尊为"唐宋八大家"之首，与柳宗元并称"韩柳"，有"文章巨公"和"百代文宗"之名，有《韩昌黎集》传世。

朋友圈： >

添加到通讯录

柳宗元

昵称：字子厚，号柳河东
地区：今山西运城

（773年—819年）

主要成就：唐代文学家、哲学家、散文家和思想家，世称"柳河东""河东先生"。与韩愈并称"韩柳"，与刘禹锡并称"刘柳"，与王维、孟浩然、韦应物并称"王孟韦柳"。

朋友圈： >

添加到通讯录

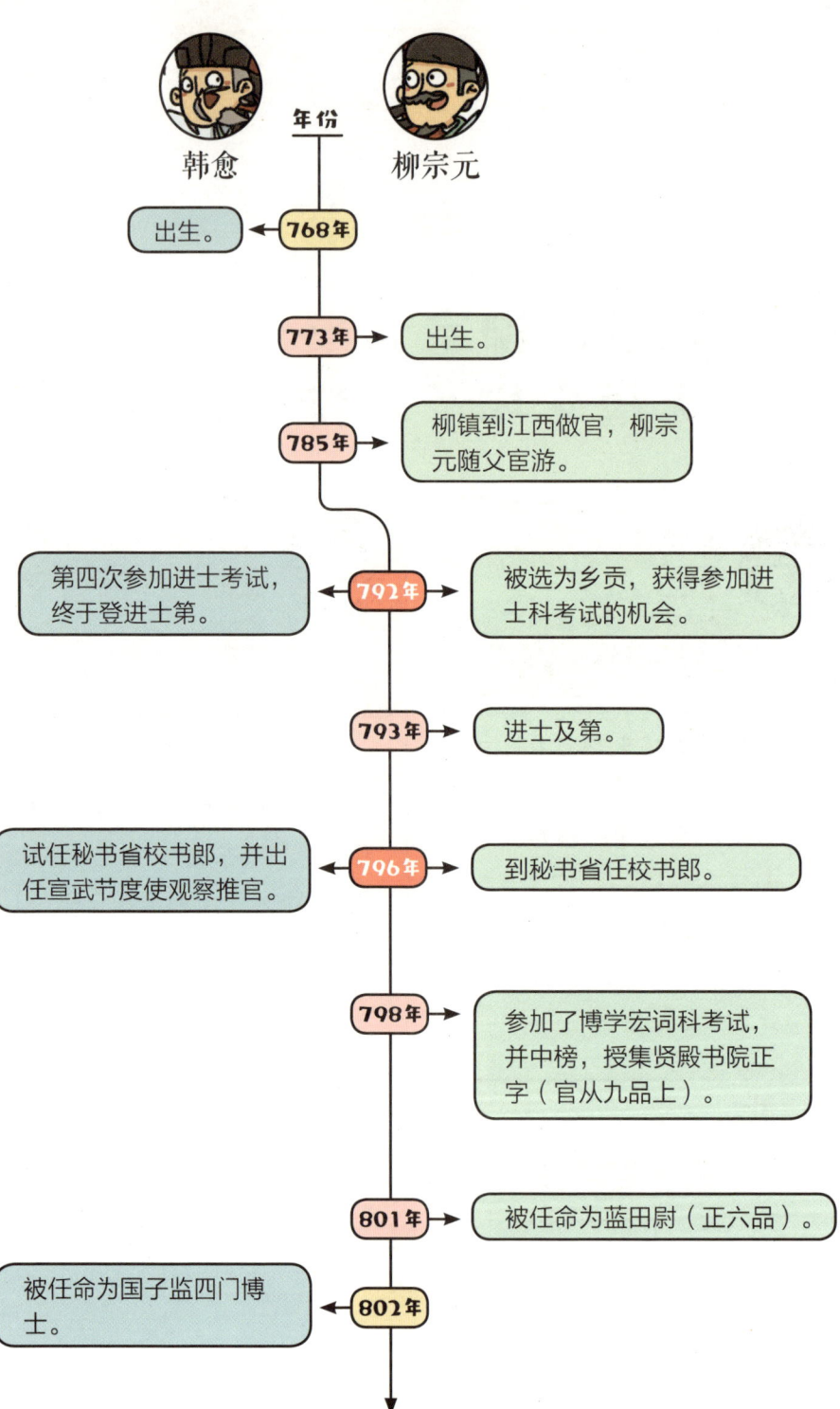

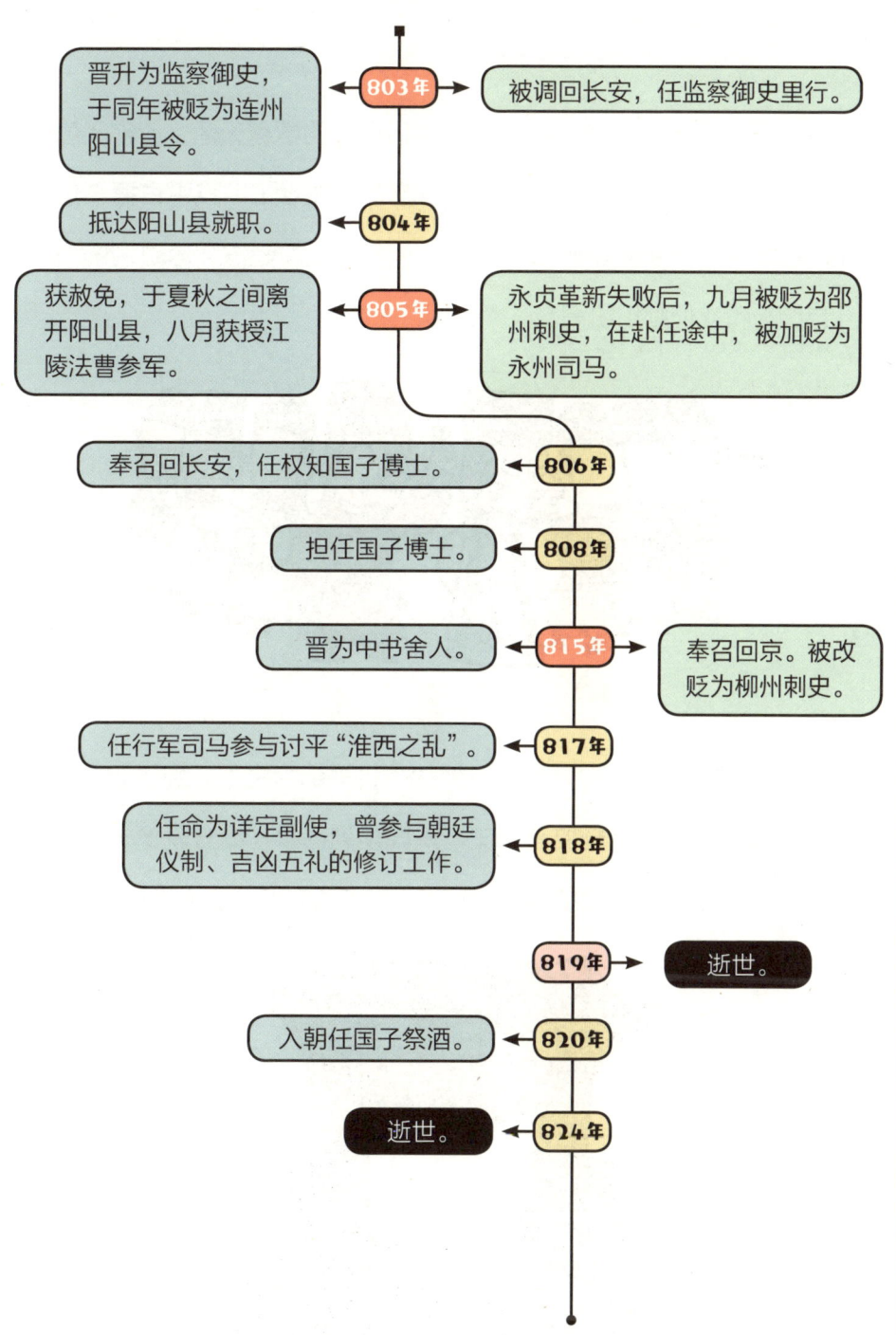

爆笑！古代学霸笔记！

★ C位出道！"韩柳"来袭！

在中国浩瀚的文学史上，有一个堪称顶流的学霸天团，人称"唐宋八大家"。成员为：一韩一柳一欧阳，三苏曾哥加老王。其中占据C位的是正副两位团长——韩愈和柳宗元，这二人引领全团发起古文运动，笑傲文坛，爆红出圈，粉丝们都纷纷高喊："韩柳"来袭！

韩愈、柳宗元这两位，是同一期的"科举练习生"。到了803年，他们又先后调到了御史台任监察御史。从同学到同事，缘分就像一块磁铁，让两位充满才华的年轻人惺惺相"吸"，很快就成了无话不谈的好朋友。

★ 再好的关系，都经不起猜忌

然而，再好的情谊也难逃内心疑猜的侵蚀。刚就职监察御史不久的韩愈上奏了一篇《御史台上论天旱人饥状》，没想到竟因此获罪，被贬为连州阳山县令。本来以为领导只是小惩大诫而已，可时间一天天过去，他却迟迟没有被召回长安，便开始心生疑惑，怀疑朝中有人针对自己。

韩愈思来想去，到底是谁告密呢？朝中和自己关系最好、聊天最多的就是刘禹锡和柳宗元二人了！他怀疑是他们泄露了自己关于朝政的某些言论，出卖了自己。于是愤然提笔写下《赴江陵途中寄赠翰林三学士》，其中有一个片段说——

同官尽才俊，偏善柳和刘。
或虑语言泄，传之落冤仇。
二子不宜尔，将疑断还不。

三人的关系就此产生裂缝。

★他，重新定义了老师！

韩愈和柳宗元虽然有些不和，可在文坛上他们却是"古文"运动不折不扣的两大领军人物！他们并肩作战，一起提出"文道合一"，像什么堆砌辞藻的"骈文"和内容空虚、无病呻吟的文字，都被两人嗤之以鼻，猛烈抨击。

韩愈曾经屡试不中，后来他一朝登科，还写出了千古名篇《师说》，重新定义了老师这个职业："师者，所以传道授业解惑也……""弟子不必不如师，师不必贤于弟子……"

此文一出，整个大唐教育界也瞬间炸了锅，很多"砖家"都坐不住了，因为他们被韩愈啪啪打脸！

后来有位名叫韦中立的年轻人专门从长安奔赴永州拜会柳宗元，希望拜他为师学古文。柳宗元在回信时就以韩愈的《师说》为例来鼓励小韦同学，也赞美了韩愈不怕抨击、敢说真话、勇于直言的精神！

· 大唐卷 ·

★亦"敌"亦友,相爱相杀

韩、柳两人的关系相当复杂,他们虽是文坛战友,却又是政界之敌。唐顺宗年间,柳宗元在朝中认了一位大哥,叫王叔文。王大哥见小柳同志与自己政见相合,也提拔了这位小弟,十分器重。他们说服唐顺宗推行了"永贞新政",而韩愈恰恰是改革的反对派。改革持续了半年左右,失败了。

尽管政见不合,一旦涉及文学,韩、柳二人就有聊不完的话题:从诗词歌赋,谈到人生哲学。后来柳宗元被贬永州,很多官场中人都很势利,疏远了他,只有韩愈还常和他有书信往来,经常劝慰他,柳宗元这才明白,韩大哥是真朋友啊。不久,韩愈也被贬官。这下两人的共同话题又多了一个,更加同病相怜了。

★ 吵归吵，依然对你好

这两人有一个共同点，都有一副牛脾气：坚持己见，拒不低头！所以，他们会为了不同的立场站队，会为了不同的观点争执。

但是，二人之间始终是君子之辩，不带任何人身攻击。在擂台之上打得不可开交，下了擂台却又互相拥抱、互相致敬。

后来，柳宗元不幸离世，韩愈忍着悲痛写下长文《祭柳子厚文》纪念他。祭文中，他形容柳宗元如同池塘泥沼中独出的一枝荷花，又似黑夜天空中闪烁的一颗明星。然而荷花竟不被赏识，明星也常遭乌云遮蔽。从此文中可以看到，韩愈对柳宗元的深情厚谊溢于言表。

爆笑！古代学霸笔记！

学霸笔记

江雪

[唐] 柳宗元

千山鸟飞绝，
万径人踪灭。
孤舟蓑笠翁，
独钓寒江雪。

绝：无，没有。

万径：虚指，指千万条路。
人踪：人的脚印。

孤：孤零零。
蓑笠（suō lì）：蓑衣和斗笠。

独：独自。

巧妙对比以抒怀

《江雪》这首诗是柳宗元被贬为永州司马、流放十年期间所作。由于仕途不顺，他就借描写山水景物，抒发自己在政治上失意的苦恼。

全诗描绘出一幅意境开阔的寒江独钓图，渲染出一种萧瑟荒凉的氛围，营造出一种孤独、不屈、高傲的文人风骨。

同学们，这首诗通过**大小、远近、多少**等方面的对比，勾勒出了这样生动的画面，让我们一起来学学。

首先，这首诗前两句的**"千山"**和**"万径"**，与后两句的**"孤舟"**和**"独钓"**形成鲜明的对比，而**"千""万"**是极多，**"绝""灭"**是无，**"孤""独"**是单一，三组词之间形成强烈的对照，从而营造出强烈的孤独感。

其次，后两句诗人使用了远距离的镜头，勾勒出江上老翁孤独垂钓的情态，在"寒江雪"的大环境衬托下，"蓑笠翁"这一人物显得十分渺小，营造出垂钓者摆脱世俗、与世无争的氛围。

在这孤寂的雪景之中，有了不起的意蕴和志向蕴藏着。全诗巧妙运用对比，表达诗人在遭受打击之后不屈而又深感孤寂的情感。

爆笑！古代学霸笔记！

学霸小剧场

大唐"铁三角"（3）

韩愈
点击查看《师说》全文。看看我的新作如何？@柳宗元 @刘禹锡

 柳宗元
"是故无贵无贱，无长无少，道之所存，师之所存也。"

 刘禹锡
不愧是"古文运动"第一人，直抒胸臆！

韩愈
哈哈，你们这是唱着双簧来夸我！❤

 刘禹锡
这就是默契呀！

韩愈
不要光是我写呀，你们支持古文运动，也写点文章吧！

第 8 章

李商隐、杜牧——被迫营业的"学霸组合"

李商隐
昵称：字义山，号玉谿生
地区：今河南沁阳
（约813年—约858年）

主要成就：唐代花间派诗人。除诗歌外，骈文文学价值也很高，和杜牧合称"小李杜"，与温庭筠合称"温李"。

朋友圈： 〉

添加到通讯录

杜牧
昵称：字牧之
地区：今陕西西安
（803年—852年）

主要成就：唐代诗人、文学家。以七言绝句著称，内容以咏史抒怀为主。与李商隐合称"小李杜"。

朋友圈： 〉

添加到通讯录

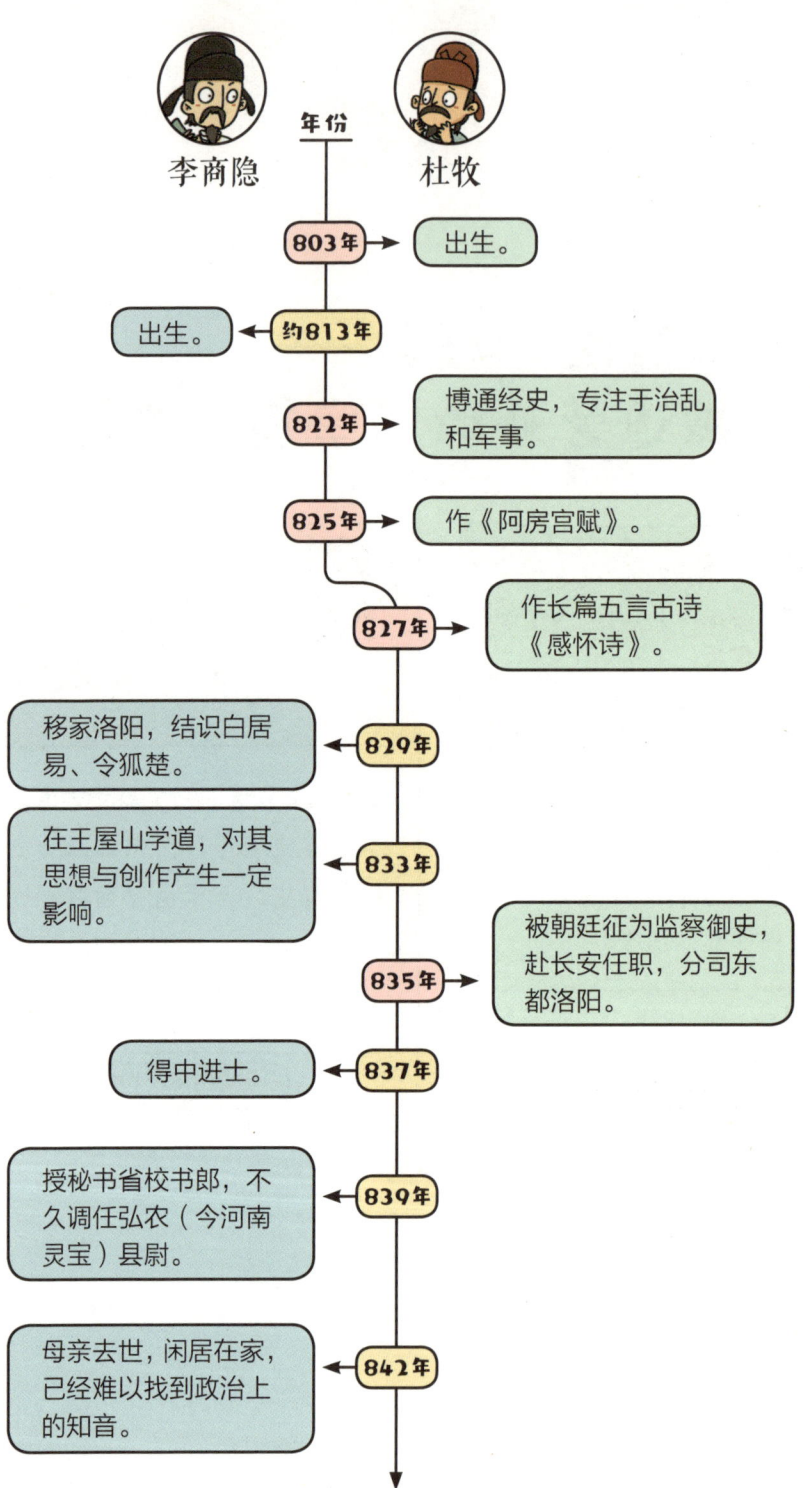

· 大唐卷 ·

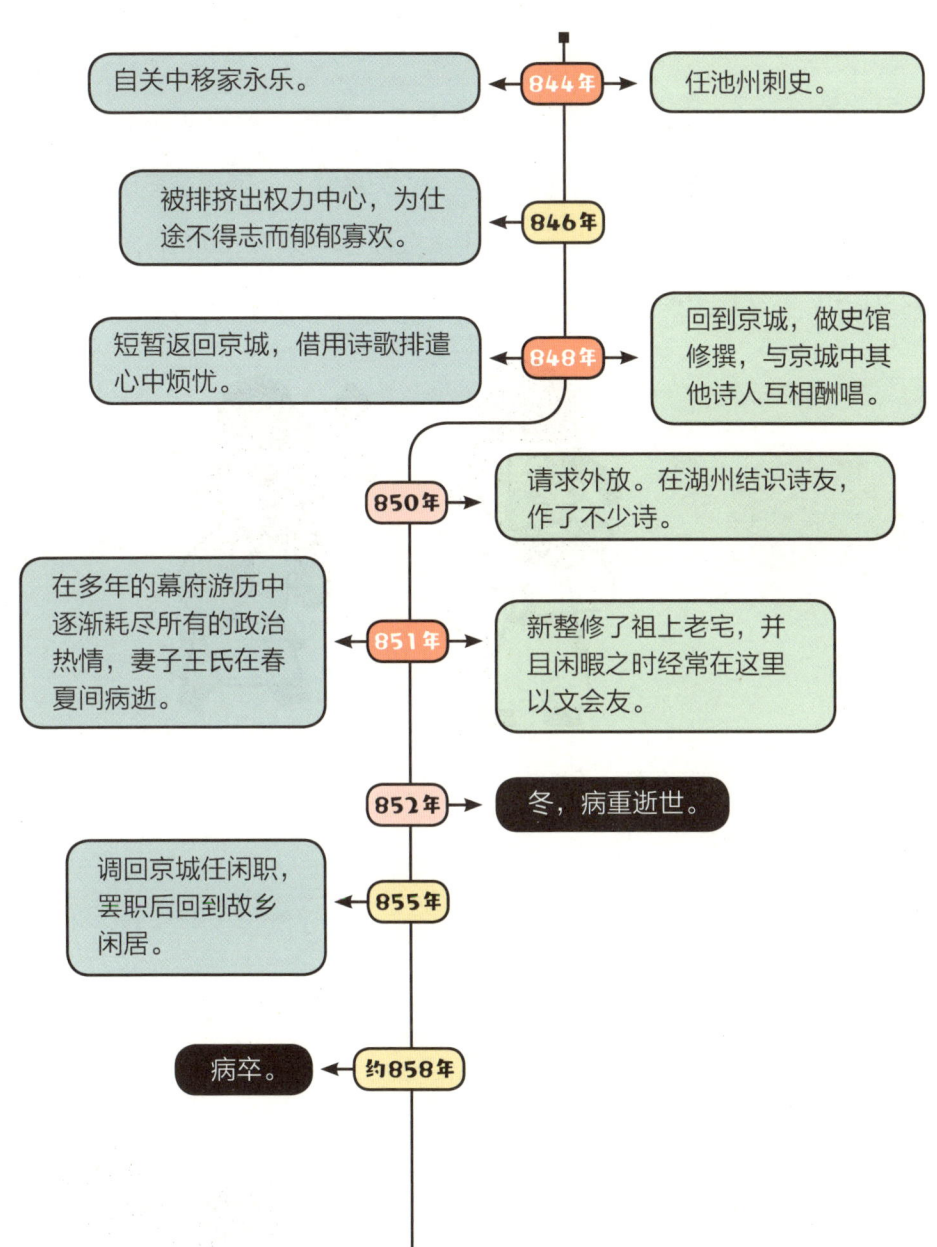

- 844年 — 自关中移家永乐。 / 任池州刺史。
- 846年 — 被排挤出权力中心,为仕途不得志而郁郁寡欢。
- 848年 — 短暂返回京城,借用诗歌排遣心中烦忧。 / 回到京城,做史馆修撰,与京城中其他诗人互相酬唱。
- 850年 — 请求外放。在湖州结识诗友,作了不少诗。
- 851年 — 在多年的幕府游历中逐渐耗尽所有的政治热情,妻子王氏在春夏间病逝。 / 新整修了祖上老宅,并且闲暇之时经常在这里以文会友。
- 852年 — 冬,病重逝世。
- 855年 — 调回京城任闲职,罢职后回到故乡闲居。
- 约858年 — 病卒。

★ 被迫营业的一对组合

李商隐和杜牧虽被人们称为"小李杜",但两人关系其实并不好,尤其杜牧,似乎一直很排斥和李商隐炒这个"关系好",纯属被迫组合。

"别说我们关系好,我根本就不想搭理他!"这是杜牧的心声。其实,杜牧比李商隐年长十岁,成名也更早些,26岁就中了进士,是李商隐的偶像。

李商隐曾为他亲笔写下一首诗:

杜司勋

[唐] 李商隐

高楼风雨感斯文,短翼差池不及群。

刻意伤春复伤别,人间惟有杜司勋。

杜牧看完,已读不回。怀着一腔抱负的杜牧,却被李商隐说成了一个忧郁的美男子……

★你逃，我追，你插翅难飞！

李商隐不甘心，心想："我寄过去的诗看了咋也不回复我呢？难道是我表现得还不够明显吗？"

于是，他又写下一首诗：

赠司勋杜十三员外

[唐] 李商隐

杜牧司勋字牧之，清秋一首杜秋诗。

前身应是梁江总，名总还曾字总持。

心铁已从干镆利，鬓丝休叹雪霜垂。

汉江远吊西江水，羊祜韦丹尽有碑。

杜牧看完之后，心想，难不成这人是在存心气我？

"我都为他写诗了啊，他为什么没感受到呢？"李商隐自言自语。

看来李商隐还要多去了解自己的偶像，杜牧在朋友圈晒的都是各种技术流战争分析,是一枚妥妥的"军事控",梦想着成为一名军事家。却被李商隐比作昏庸的宰相梁江总,这还能不生气?

★ "元白"的高级黑 VS 死忠粉

让李商隐和杜牧不和的另一个重要原因是:李商隐是元稹、白居易的"死忠粉",可杜牧却是"元白"二人的"高级黑",怎么做朋友呢?

李商隐特别崇拜元稹和白居易。白居易也喜爱李商隐的诗文。偏不巧,杜牧就是不喜欢当时风头正盛的元稹和白居易。杜牧认为,这两人的文风浮躁,而且他的好朋友又恰好因元稹断送了仕途,杜牧还能喜欢他们?

李商隐的政治立场也让杜牧头疼。李商隐曾遇到一位贵人,叫令狐楚,可是他却在令狐楚死后跑到令狐楚的死对头王茂元的公司干活去了。杜牧只能对李商隐表示"我们只能越走越远"。

★一样的忧伤，不一样的风情

由于"小李杜"的气质、出身和思想的差异，两人走上两条完全不同的道路。

李商隐心中的那种浪漫与敏感，郁积成缠绵的情结，曾写下这样的诗句：

欲就麻姑买沧海，一杯春露冷如冰。

杜牧身上那种贵族气质、高朗明快的理性，使他笔下的诗句十分大气：

商女不知亡国恨，隔江犹唱后庭花。

我可是要追求朦胧美的诗人！

花里胡哨，不像我不拘小节！

但成长在晚唐的他们，都各自奔波、颠沛流离，所以在他们的作品里，多多少少也都有点忧愁的影子。

比如，李商隐曾写过这首悼念怀人的诗：

暮春独游曲江

［唐］李商隐

荷叶生时春恨生,荷叶枯时秋恨成。

深知身在情长在,怅望江头江水声。

杜牧同样也有感时伤怀之作:

登乐游原

［唐］杜牧

长空澹澹孤鸟没,万古销沉向此中。

看取汉家何事业,五陵无树起秋风。

两人的诗,韵味独特,各有风情。

★七律VS七绝，双星闪耀晚唐！

晚唐诗坛恰如国运，由盛而衰，日趋没落。李商隐和杜牧展现出青年诗人的锐气，他们以独创的风格，为颓废的晚唐诗坛增添了生气，开辟了新的意境，并使唐代诗歌形成了初、盛、中、晚四个互相争辉的历史阶段。

李商隐含蓄深沉，曾写下著名七律诗：

锦瑟

[唐]李商隐

锦瑟无端五十弦，一弦一柱思华年。
庄生晓梦迷蝴蝶，望帝春心托杜鹃。
沧海月明珠有泪，蓝田日暖玉生烟。
此情可待成追忆？只是当时已惘然。

杜牧则情志新奇，意境深远，写下七言绝句：

江南春

[唐]杜牧

千里莺啼绿映红,水村山郭酒旗风。

南朝四百八十寺,多少楼台烟雨中。

李商隐七律惊天地,杜牧七绝泣鬼神。"小李杜"闪耀晚唐,共享盛名,为晚唐诗坛画上了浓墨重彩的一笔。

学霸笔记

无题
[唐] 李商隐

相见时难别亦难，
东风无力百花残。
春蚕到死丝方尽，
蜡炬成灰泪始干。
晓镜但愁云鬓改，
夜吟应觉月光寒。
蓬山此去无多路，
青鸟殷勤为探看。

- 全诗围绕"别"字展开，抒发了诗人无比真挚的相思离别之情。
- 泪：珠泪，这里取双关义，指相思的眼泪。
- 镜：此处用作动词，照镜子的意思。
- 云鬓：女子如云一般的秀发，这里比喻青春年华。

★ 虚实结合抒诗情

虚实结合就是将抽象与具体的描写结合起来。这种抽象有两种概念，一是**联想**，二是**想象**。实，即真实，实在。通常我们的感官能感受到的都是实，例如：**触觉、听觉、嗅觉、视觉**等感受，都是真实的感受。

首联，通过虚写来渲染气氛。

"**相见时难别亦难**"这一句表现出了离别的痛苦。实写出了诗人的真实想法。而"**相见**"和"**别**"又是相互对应的，形成了对比和反衬，更加凸显了离别的悲伤之情。

"**蜡炬成灰泪始干**"则进一步加重了诗人的悲伤之情。蜡烛燃完后变成灰烬，象征着时间的流逝和生命的短暂。而**"泪始干"**则表现出了诗人内心的哀伤和无奈，再次强调了离别之痛。

颈联，再次变为实写，通过**"云鬓改""月光寒"**等具体写实的描述，表达对青春年华的易逝的感叹，侧面写出对恋人的思念。

尾联是带有遐想的虚写，用一个神话表达了作者无可奈何的感情：自己不能同恋人相见，那就请青鸟传信吧。

同学们，**虚实结合**的写法可以使诗歌内涵更加丰富、生动，引人深思，留给人无边的想象空间。

爆笑！古代学霸笔记！

学霸小剧场

"李杜组合"世家（4）

 杜甫
哈哈哈哈，新鲜出炉的形象照！

 李白
还可以～

 李商隐
我也想整一张。@杜牧

 李商隐
杜牧在干什么，这么久不回消息？
 @杜牧

杜牧

我刚写了首诗：

《山行》

远上寒山石径斜，白云生处有人家。

停车坐爱枫林晚，霜叶红于二月花。

大伙儿来看看～@李白 @杜甫

"李杜组合"世家（4）

 李商隐
> 于萧瑟秋风中摄取绚丽秋色，与春光争胜，令人赏心悦目。不愧是我的偶像！

 李商隐
> 大伙儿也来为我看看我这诗怎么样？
> @杜牧 @李白 @杜甫
>
> 《无题·昨夜星辰昨夜风》
>
> 昨夜星辰昨夜风，画楼西畔桂堂东。
> 身无彩凤双飞翼，心有灵犀一点通。
> 隔座送钩春酒暖，分曹射覆蜡灯红。
> 嗟余听鼓应官去，走马兰台类转蓬。

杜牧
> 写得很好，以后别写了。

 李商隐
> 你看，我还有机会吗？

杜牧
> 不想理你。

 李白
> 哈哈哈，被嫌弃的李商隐。

图书在版编目（CIP）数据

爆笑！古代学霸笔记！.大唐卷 / 何捷主编. —— 北京：中国致公出版社，2023.11
ISBN 978-7-5145-1894-8

Ⅰ.①爆… Ⅱ.①何… Ⅲ.①中国文学－古代文学史－唐代－通俗读物 Ⅳ.①I209.2-49

中国版本图书馆CIP数据核字(2022)第257667号

爆笑！古代学霸笔记！.大唐卷 / 何捷主编
BAOXIAO!GUDAI XUEBA BIJI!.DATANG JUAN

出　　版	中国致公出版社	
	（北京市朝阳区八里庄西里100号住邦2000大厦1号楼西区21层）	
出　　品	湖北知音动漫有限公司	
	（武汉市东湖路179号）	
发　　行	中国致公出版社（010-66121708）	
作品企划	知音动漫图书·文艺坊	
责任编辑	胡梦怡　雷　琛	
责任校对	吕冬钰	
装帧设计	王　钰	
责任印制	程　磊	
印　　刷	武汉精一佳印刷有限公司	
版　　次	2023年11月第1版	
印　　次	2023年11月第1次印刷	
开　　本	710mm×1000mm　1/16	
印　　张	7.5	
字　　数	78千字	
书　　号	ISBN 978-7-5145-1894-8	
定　　价	36.00元	

版权所有，盗版必究（举报电话：027-68890818）
（如发现印装质量问题，请寄本公司调换，电话：027-68890818）